JN409846

예이츠 시 번역 총서 6

불벤산 기슭에서

—예이츠의 마지막 시들—

한국예이츠학회

건국대학교출판부

예이츠 시 번역 총서 6

불벤산 기슭에서

—예이츠의 마지막 시들

1판 1쇄 찍은날 | 2010년 7월 15일
1판 1쇄 펴낸날 | 2010년 7월 20일

지은이 | 한국예이츠학회
펴낸이 | 오 명

책임편집 | 박명희
찍은곳 | 한국컴퓨터인쇄정보사

펴낸곳 | 건국대학교출판부
등록 | 제 4-3 호(1971. 6. 21)
주소 | 143-701, 서울시 광진구 화양동 1번지
전화 | (02) 450-3891~3
팩스 | (02) 457-7202
홈페이지 | http://press.konkuk.ac.kr
e-mail | press@konkuk.ac.kr

정가 | 14,000원

ISBN 978-89-7107-530-2 04840
ISBN 978-89-7107-426-8 (세트)

이 도서의 국립중앙도서관 출판시도서목록(CIP)은 e-CIP 홈페이지(http://www.nl.go.kr/cip.php)에서 이용하실 수 있습니다.(CIP제어번호: CIP2010002415)

불벤산 기슭에서

—예이츠의 마지막 시들—

편 저 자

강 민 건(대구대)
구 자 광(고려대)
김 재 봉(동아대)
김 철 수(경북대)
박 미 정(한국외대)
신 원 철(강원대)
우 철 환(고려대)
유 석 형(한양대)
윤 일 환(부산대)
이 세 순(중앙대)
이 영 철(전주대)
조 동 열(조선대)
조 정 명(경북대)
최 희 섭(전주대)
허 현 숙(건국대)
고 준 석(조선대)
김 영 민(동국대)
김 주 성(단국대)
문 혜 원(이화여대)
서 혜 숙(건국대)
안 임 수(관동대)
유 배 균(백석문화대)
윤 기 호(충북대)
윤 정 묵(전남대)
이 영 석(한양대)
이 한 묵(명지대)
조 미 나(요크대)
채 규 상(한양대)
한 일 동(용인대)
홍 성 숙(청주대)
(이상 가나다 순)

머리말

이 책은 그동안 한국예이츠학회가 발간해 온 '예이츠 시 번역 총서'의 하나로서, 예이츠가 그의 생애의 마지막 시기에 쓴 시들을 우리말로 옮기고 거기에 간단한 해설을 붙인 것이다. 이번에 제6집이 나오게 됨으로써 예이츠 시 전집의 서정시(Lyrical) 부분에 대한 번역 · 해설 작업이 완료된 셈이며, 이는 학회 회원들의 열성적인 관심과 참여가 있었기에 가능한 일이었다.

이 번역 · 해설집의 원본으로는 1997년 뉴욕의 스크라이브너(Scribner) 출판사가 『예이츠 작품집』(*The Collected Works of W. B. Yeats*)의 제1권으로 출판한 피네란(Richard J. Finneran) 편찬의 『예이츠 시집』(*W. B. Yeats: The Poems*)을 사용하였다.

여기에 실린 작품들은 『파넬의 장례식과 기타 시들』(*Parnell's Funeral and Other Poems*, 1935), 『새 시들』(*New Poems*, 1938), 『최후의 시들』(*Last Poems*, 1938~1939)로 되어 있지만, 이 가운데에서 별도의 시집으로 출판된 것은 『새 시들』뿐이었다.

『파넬의 장례식과 기타 시들』의 시들은 1935년에 출판된 『3월의 보름달』(*A Full Moon in March*)의 "파넬의 장례식과 기타 시들" 부분에 실린 시들이다. 다만 「똑같은 가락의 세 노래」("Three Songs to the Same Tune")는 나중에 수정되어 「세 개의 행진곡」("Three Marching Songs")이라는 새로운 제목으로 『최후의 시들』에 실리게 되어 『파넬의 장례식과 기타 시들』에는 빠져 있다.

『최후의 시들』의 시들은 예이츠가 죽기 전 수 주 동안 출판을 계획하고 있었던 시·희곡집의 목차에 들어 있는 작품들이다. 이 시·희곡집은 그의 사후에 『최후의 시들과 두 편의 희곡』(*Last Poems and Two Plays*, 1939)으로 출판되었다.

아무쪼록 이 책이 예이츠의 시를 사랑하는 여러 독자들에게 조금이라도 도움이 되었으면 한다.

2010. 6.

한국예이츠학회 회장 윤정묵

c o n t e n t s

『파넬의 장례식과 기타 시들』
Parnell's Funeral and Other Poems (1935)

■ Parnell's Funeral | 14
파넬의 장례식 (윤정묵)

■ Alternative Song for the Severed Head in 'The King of the Great Clock Tower' | 22
『큰 시계탑의 왕』에서 참수된 목을 위한 선택적인 노래 (이세순)

■ Two Songs Rewritten for the Tune's Sake | 30
곡조를 위해 다시 쓴 두 편의 노래 (조동열)

■ A Prayer for Old Age | 36
노년을 위한 기도 (고준석)

■ Church and State | 40
교회와 국가 (조정명)

▣ Supernatural Songs
초자연의 노래

■ Ⅰ. Ribb at the Tomb of Baile and Aillinn | 44
Ⅰ. 리브는 발이아과 일인의 무덤에서 (서혜숙)

■ Ⅱ. Ribb denounces Patrick | 48
Ⅱ. 리브는 패트릭을 비난한다 (서혜숙)

■ Ⅲ. Ribb in Ecstasy | 50
Ⅲ. 황홀경에 잠긴 리브 (서혜숙)

■ Ⅳ. There | 52
Ⅳ. 저기 (서혜숙)

■ Ⅴ. Ribb considers Christian Love insufficient | 52
Ⅴ. 리브는 기독교적인 사랑을 불만스럽게 생각한다 (서혜숙)

■ Ⅵ. He and She | 56
Ⅵ. 그와 그녀 (서혜숙)

■ Ⅶ. What Magic Drum? | 58
Ⅶ. 어떤 마법의 북소리인가 (서혜숙)

■ Ⅷ. Whence had they Come? | 60
Ⅷ. 어디서 그들이 왔는가? (서혜숙)

■ Ⅸ. The Four Ages of Man | 62
Ⅸ. 인간의 사계절 (서혜숙)

■ Ⅹ. Conjunctions | 64
Ⅹ. 천체의 합일 (서혜숙)

■ Ⅺ. A Needle's Eye | 64
Ⅺ. 바늘구멍 (서혜숙)

■ Ⅻ. Meru | 66
Ⅻ. 메루 (서혜숙)

『새 시들』
New Poems (1938)

■ The Gyres | 70
가이어 (김영민)

■ Lapis Lazuli | 76
청금석 부조(浮彫) (김철수)

■ Imitated from the Japanese | 86
일본의 시가를 모방하여 (조정명)

■ Sweet Dancer | 88
아름다운 무용수 (이한묵)

■ The Three Bushes | 90
세 숲 (이영철)

■ The Lady' s First Song | 100
숙녀의 첫째 노래 (최희섭)

■ The Lady' s Second Song | 104
숙녀의 둘째 노래 (최희섭)

■ The Lady' s Third Song | 108
숙녀의 셋째 노래 (최희섭)

■ The Lover' s Song | 110
애인의 노래 (홍성숙)

■ The Chambermaid' s First Song | 112
시녀의 첫째 노래 (김주성)

■ The Chambermaid' s Second Song | 114
시녀의 둘째 노래 (김주성)

■ An Acre of Grass | 116
1 에이커의 풀밭 (한일동)

■ What Then? | 120
그러고 나서는? (박미정)

■ Beautiful Lofty Things | 124
아름답고 고결한 것들 (이세순)

■ A Crazed Girl | 130
미친 여자 (홍성숙)

■ To Dorothy Wellesley | 134
도로시 웰즐리에게 (윤기호)

■ The Curse of Cromwell | 138
크롬웰의 저주 (강민건)

■ Roger Casement | 144
로저 케이스먼트 (강민건)

■ The Ghost of Roger Casement | 148
로저 케이스먼트의 유령 (구자광)

■ The O' Rahilly | 156
오레일리가(家)의 수장 오레일리 (구자광)

■ Come Gather Round Me, Parnellites | 162
나에게로 모이시오, 파넬 추종자들이여 (문혜원)

■ The Wild Old Wicked Man | 166
거칠고 사악한 노인 (유배균)

■ The Great Day | 174
위대한 날 (유배균)

■ Parnell | 175
파넬 (유배균)

■ What Was Lost | 176
잃은 것 (문혜원)

■ The Spur | 178
박차 (홍성숙)

■ A Drunken Man's Praise of Sobriety | 180
취한 자의 취하지 않음에 대한 칭찬 (채규상)

■ The Pilgrim | 184
순례자 (김영민)

■ Colonel Martin | 190
마틴 대령 (윤기호)

■ A Model for the Laureate | 200
월계관의 전형 (김영민)

■ The Old Stone Cross | 204
오래된 돌 십자가 (김영민)

■ The Spirit Medium | 208
영매(靈媒) (윤일환)

- Those Images | 212
  저 모습들 (김재봉)
- The Municipal Gallery Revisited | 216
  시립미술관을 다시 찾다 (이영석)
- Are You Content | 224
  그대는 만족하나요? (채규상)

『최후의 시들』
Last Poems (1938~1939)

- Under Ben Bulben | 230
  불벤산 기슭에서 (한일동)
- Three Song to the One Burden | 242
  후렴 하나에 세 개의 노래 (신원철)
- The Black Tower | 252
  검은 탑 (김철수)
- Cuchulain Comforted | 256
  위안 받은 쿠훌린 (신원철)
- Three Marching Songs | 260
  세 개의 행진곡 (우철환)
- In Tara' s Halls | 272
  타라 언덕 궁전에서 (고준석)
- The Statues | 276
  조각상 (박미정)
- News for the Delphic Oracle | 282
  델피의 신탁을 위한 뉴스 (우철환)
- Long-legged Fly | 288
  긴 다리 소금쟁이 (유석형)

- A Bronze Head | 294
  청동 조각상 (이영석)
- A Stick of Incense | 298
  향기의 막대기 (조미나)
- Hound Voice | 302
  사냥개 짖는 소리 (조미나)
- John Kinsella's Lament for Mrs. Mary Moore | 306
  존 킨셀라의 메리 무어 부인에 대한 탄식 (김영민)
- High Talk | 312
  고매한 이야기 (안임수)
- The Apparitions | 316
  유령들 (조동열)
- A Nativity | 320
  예수 탄생 (윤정묵)
- Man and the Echo | 324
  사람과 메아리 (김재봉)
- The Circus Animals' Desertion | 332
  서커스 동물들의 탈주 (허현숙)
- Politics | 338
  정치 (허현숙)

『파넬의 장례식과 기타 시들』

Parnell's Funeral and Other Poems (1935)

Parnell's Funeral

I

Under the Great Comedian's tomb the crowd.
A bundle of tempestuous cloud is blown
About the sky; where that is clear of cloud
Brightness remains; a brighter star shoots down;
What shudders run through all that animal blood?
What is this sacrifice? Can someone there
Recall the Cretan barb that pierced a star?

Rich foliage that the starlight glittered through,
A frenzied crowd, and where the branches sprang
A beautiful seated boy; a sacred bow;
A woman, and an arrow on a string;
A pierced boy, image of a star laid low.
That woman, the Great Mother imaging,
Cut out his heart. Some master of design
Stamped boy and tree upon Sicilian coin.

An age is the reversal of an age:
When strangers murdered Emmet, Fitzgerald, Tone,
We lived like men that watch a painted stage.

파넬의 장례식

윤정묵

I

'위대한 희극배우'의 무덤 아래 모인 군중.
사나운 구름 한 덩이 하늘에 날리고,
구름 없는 곳에는 밝음 그대로인데,
더 밝은 별 하나 떨어진다.
그 모든 동물적인 피 속에 무엇이 떨고 있을까?
이 희생 제물은 무엇일까? 저기 누군가는 별을 관통한
크레타의 화살촉을 기억할 수 있을까?

별빛 반짝이는 무성한 잎들,
열광하는 사람들, 그리고 나뭇가지들 솟아난 곳에
앉아있는 아름다운 소년. 신성한 활.
한 여인과, 시위 위의 화살.
화살에 꿰뚫린 소년, 떨어진 별의 이미지.
'위대한 어머니'를 상징하는 그 여인은
그의 심장을 도려냈다. 어떤 디자인의 대가가
소년과 나무를 시실리의 동전에 새겼다.

한 시대는 한 시대의 역(逆).
이방인들이 에멧, 피츠제럴드, 톤을 죽였을 때
우리는 색칠한 무대를 바라보는 자들처럼 살았다.

What matter for the scene, the scene once gone:
It had not touched our lives. But popular rage,
Hysterica passio dragged this quarry down.
None shared our guilt; nor did we play a part
Upon a painted stage when we devoured his heart.

Come, fix upon me that accusing eye.
I thirst for accusation. All that was sung,
All that was said in Ireland is a lie
Bred out of the contagion of the throng,
Saving the rhyme rats hear before they die.
Leave nothing but the nothings that belong
To this bare soul, let all men judge that can
Whether it be an animal or a man.

II

The rest I pass, one sentence I unsay.
Had de Valera eaten Parnell's heart
No loose-lipped demagogue had won the day,
No civil rancour torn the land apart.

Had Cosgrave eaten Parnell's heart, the land's
Imagination had been satisfied,
Or lacking that, government in such hands,

그 장면이 한번 사라지면, 장면이 무슨 상관인가.
그것은 우리의 삶과는 무관한 일이었다. 그러나 대중의
광란, 히스테리 발작이 이 사냥감을 끌어내렸다.
아무도 우리 죄를 함께하지 않았다. 그의 심장을 먹을 때
우리는 색칠한 무대 위에서 아무 역도 하지 않았다.

오라, 그 비난의 눈초리를 나에게 고정시켜라.
난 비난에 목마르니. 우리가 노래한
모든 것, 아일랜드에서 말해진 모든 것은,
쥐들이 죽기 전에 듣는 시구를 제외하고는
대중들의 감염이 키워 낸 거짓말.
이 벌거벗은 영혼에게 속한 하찮은 것들 말고는
아무것도 남기지 말라. 할 수 있는 모든 자들에게
판단케 하라, 그가 동물인지 혹은 사람인지.

II

나머지는 그냥 놔두고, 한 문장을 나는 철회한다.
드 발레라가 파넬의 심장을 먹었더라면
입 가벼운 선동 정치가가 승리하지는 못했을 터,
점잖은 앙심으로 나라를 갈라놓지는 않았을 것이다.

코스그라브가 파넬의 심장을 먹었더라면,
국민들의 상상력은 만족했을 것이고,
혹은 그게 모자라면, 정부라도 제대로 이끌어

O'Higgins its sole statesman had not died.

Had even O'Duffy — but I name no more —
Their school a crowd, his master solitude;
Through Jonathan Swift's dark grove he passed, and there
Plucked bitter wisdom that enriched his blood.

《해설》

찰스 스튜어트 파넬(Charles Stewart Parnell, 1846~1891) (출처: Micheál Mac Liammóir and Evan Boland. *W. B. Yeats*. Thames and Hudson. 1998. p. 88)

아일랜드의 최고 정치지도자 가운데 하나였던 찰스 스튜어트 파넬(Charles Stewart Parnell, 1846~1891)의 죽음과 장례식을 그 주제로 다루고 있는 이 시는 당시의 정치 상황에 대한 예이츠의 생각을 엿볼 수 있는 작품이기도 하다.

파넬은 아일랜드 의회당(the Irish Parliamentary Party)의 지도자로서 '아일랜드의 무관의 왕'으로 불릴 만큼 커다란 권력을 누렸지만 유부녀였던 캐슬린 오셰이(Kathleen O'Shea)와의 불륜의 관계가 공개적으로 알려지면서 몰락의 길을 걷게 된 불운의 정치가였다. 예이츠가 그중 유일한 정치가 오히긴스가 죽지 않았을 것이다.

심지어 오더피가 — 그러나 더 이상 이름 부르지 말자 —
그들의 학교는 군중, 그의 스승은 고독.
조너던 스위프트의 어두운 숲을 그는 지나갔고, 거기에서
그의 피를 기름지게 한 쓰디쓴 지혜를 땄다.

이 작품 외에도 「어떤 혼령에게」("To a Shade"), 「나에게로 모이시오, 파넬 추동자들이여」("Come Gather round Me, Parnellites"), 「파넬」("Parnell") 등의 시를 통해 파넬을 노래하고 있는 것을 보면 그에 대해 깊은 관심을 가졌음을 알 수 있다.

시의 제1부는 더블린 교외 그래스너빈 공동묘지(Glasnevin Cemetery)에서 거행된 파넬의 장례식 때 그의 시신이 땅 속에 묻히는 순간 하늘에서 별 하나가 떨어졌다고 전해지는 이야기에 대한 언급으로부터 시작한다. 시인은 이 불가사의한 현상이 당시 그곳에 모였던 수많은 아일랜드인들에게 어떻게 받아들여졌을까를 궁금해 하며, 나름대로 그 의미를 모색하기 위해 꽤 난해해 보이는 이미지들을 사용하고 있다. '위대한 어머니'의 상징인 한 여인, 그 여인이 쏜 활에 의하여 살해된 소년, 살해된 소년의 몸에서 꺼내어진 심장 등의 이미지들은 결국 시인이 파넬의 죽음을 계절의 순환과 대지의 재생을 위하여 인간을 희생 제물로 바쳤던 고대 사회의 종교의식과 관련시키고 있음을 말해 준다.

이어 시인은 과거 아일랜드의 역사를 돌아보며 아일랜드의 독립을 위하여 목숨을 바쳤던 에멧(Robert Emmet, 1778~1803), 피츠제럴드(Lord Edward Fitzgerald, 1763~1798), 톤(Wolfe Tone, 1763~1798)과 같은 영웅적인 인물들과 파넬을 비교한다. 그들과 파넬 모두 아일랜드를 위한 희생 제물로 목숨을 바쳤던 점에서는 같다고 할 수 있겠지만, 그러나 그들의 죽음에는 근본적인 차이점이 존재한다고 말하며, 시인은 비판의 칼을 아일랜드 군중에게 들이댄다. 과거의 독립 영웅들이 영국인들에 의하여 죽임을 당했을 때는 구경꾼이 되어 그저 바라보기만 했던 아일랜드인들이 이번에는 직접 나서서 파넬을 끌어내어 죽였다는 것이다. 따라서 파넬을 지지했다가 그에게 등을 돌린 수많은 아일랜드인들과 함께 시인 자신도 비난받아 마땅하다고 말한다. 그리고 이런 마당에 아일랜드 정치인들이 떠들어대는 모든 말 속에 무슨 진실이 있겠느냐고, 모두 다 거짓말일 뿐이라고 말한다.

제1부에서 파넬을 과거 아일랜드의 독립 영웅들과 비교했던 시인은 제2부에서는 파넬 이후의 아일랜드의 정치 지도자들과 비교하고 있다. 먼저 언급된 드 발레라(Eamonn de Valera, 1882~1975)는 부활절봉기(Easter Rising)의 주모자 중의 하나였다가 훗날 아일랜드의 대통령이 된 인물이다. 그가 영국과 아일랜드의 평화협정에 반대하여 결국 내전의 발발에 결정적인 역할을 한 데 대해 비판적이었던 예이츠는 만일 그가 파넬의 자질을 가졌더라면 그러한 불행은 막을 수 있었으리라고 말한다.

다음에 언급된 코스그라브(William T. Cosgrave, 1880~1966)는 아일랜드 의회(Dail Eireann)의 초대 의장이었던 인물이다. 예이츠는 그에 대해서도 마찬가지로 만일 그가 파넬과 같은 능력 있는 정치가였다면, 오히긴스(Kevin O'Higgins, 1892~1927)의 암살은 막을 수 있었으리라고 말한다. 오히긴스는 새로 수립된 아일랜드 자유정부(Irish Free State)에서 중책을 맡다가 반대파들에 의해 암살된 인물이었다. 평소 친하게 지내며 정치가로서 존경했던 그의 암살은 예이츠에게 커다란 충격이었고, 그로 하여금 당시의 정치 상황에 대해 심한 분노와 환멸을 느끼게 했다.

마지막으로 언급된 오더피(Eoin O'Duffy, 1892~1944)는 아일랜드 자유정부의 경찰총수였다가 나중에는 아일랜드 파시스트 운동을 이끌었던 인물이다. 예이츠가 이 운동에 잠시 심취했다가 돌아선 일화는 잘 알려져 있다. 시인은 오더피조차도 파넬의 기질을 타고났더라면 훌륭한 정치 지도자가 됐을 것이라고 말한다.

이처럼 시인이 당시의 대표적인 정치인들을 들먹이며 그들과 파넬을 비교하는 것은, 오직 파넬만이 대중들에 의해 조종되지 않는 진정으로 위대한 인물이었기 때문이다. 그러나 시인은 이러한 파넬의 위대함은 그를 고독한 인간으로 만들고, 더 나아가 18세기 위대한 아일랜드인이었던 스위프트가 겪었던 환멸을 갖게 했을 것이라고 말한다. 아마도 파넬이 아일랜드 대중들의 광란과 히스테리 발작에 의해 파멸의 길로 내몰리게 된 것도 이러한 그의 위대함 때문이었을 것이라고 시인은 생각하는 듯하다.

Alternative Song for the Severed Head[1)] in 'The King of the Great Clock Tower'

Saddle and ride,[2)] I heard a man say,
Out of Ben Bluben[3)] and Knocknarea,[4)]
What says the Clock in the Great Clock Tower?
All those tragic characters[5)] ride
But turn from Rosses'[6)] crawling tide,
The meet's upon the mountain side.
A slow low note and an iron bell.

What brought them there so far from their home,
Cuchulain[7)] that fought night long with the foam,
What says the Clock in the Great Clock Tower?
Niamh[8)] that rode on it; lad and lass[9)]

---

1) 예이츠의 희곡 『큰 시계탑의 왕』(*The King of the Great Clock Tower*, 1934)에서 돼지 치는 천한 남자는 왕비에게 사랑을 호소하다가 참수된다. 그런데 그는 목이 참수된 채 사랑노래를 부르고, 뒤늦게 그의 사랑을 받아들인 왕비는 그 참수된 머리를 껴안고 빙빙 돌며 춤을 춘다.

2) 원래 제 1행과 4행은 각각 "Images ride"와 "Out of the grave"였다.

3) Ben Bulben: 슬라이고(Sligo) 소재의 아름답고 꼭대기가 평평한 산으로, 특히 데르미드와 그라니아(Dairmuid and Grania)에 얽힌 전설로 유명하다. 예이츠가 영면하고 있는 드럼클리프 교회(Drumcliff Church)를 내려다보고 있는 이 산은 예이츠의 시 여러 군데에 나온다.

4) Knocknarea: 슬라이고에 있는 산. 꼭대기에 55m 높이의 고대 아일랜드의 메이브 여왕(Queen Maeve)의 돌무덤이 있는 것으로 유명하다. 이곳 사람들은 아직도 메이브가 살아서 당당한 모습으로 돌아다닌다고 믿는다.

5) All those tragic characters: 예이츠가 쓴 작품에 등장하는 모든 비극적인 인물들.

6) Rosses: 3마일에 걸친 슬라이고의 해변. 외가의 여름별장이 이곳에 있어 예이츠는 어릴 때 이곳에서 많이 지냈다. "이곳에는 바위들이 모여 있는 작은 장소가

『큰 시계탑의 왕』에서 참수된 목을 위한 선택적인 노래[1)]

이세순

나는 들었다,[2)] 벤 불벤[3)]과 녹나레이[4)] 산에서
안장을 얹고 달려 나오며, 한 사나이가 말하는 것을,
큰 시계탑의 시계는 뭐라고 말하는가?
저 모든 비극의 등장인물들이[5)] 말달리지만,
로씨즈[6)]의 굼실거리는 조수에서 말머리를 돌린다.
회합장소는 산중턱에 있다.
한 가닥 느리고 낮은 선율과 종소리.

무엇 때문에 그들은 집에서 그렇게 먼 데까지 왔나,
밤 내내 물거품과 싸운 쿠훌린[7)]은?
큰 시계탑의 시계는 뭐라고 말하는가?
물거품 위로 말달리던 니아브[8)]는? 그토록 조용히 앉아서[9)]

있는데, 여기서 누구라도 잠들면, 요정들이 그들의 혼을 가져가, 깨어나면 바보가 될 위험성이 있다."(예이츠)

7) Cuchulain: 예이츠가 가장 이상적인 가면으로 삼았던 고대 얼스터의 신화적인 영웅. 아일랜드 사람들은 지금도 나라가 위기에 처하면 그가 와서 그들을 구해 준다고 믿는다. 그는 메이브에게 속아 자신의 친아들을 전투에서 죽이고, 심한 슬픔에 빠져 바다의 파도와 싸우다가 죽는다.

8) Niamh: 엥거스(Aengus)와 아이딘(Edain)의 딸로 고대 이교시대의 무사이자 시인인 어쉰(Oisin)을 요정의 나라로 데려간 미모의 요정녀. 예이츠의 장편 설화시 『어쉰의 방랑』(*The Wanderings of Oisin*, 1889) 참조.

9) lad and lass: 니셰(Naoise)와 데어드라(Deirdre). 얼스터의 대왕 코나하(High King Conchubar)의 약혼녀인 데어드라는 결혼 한 달 전에 우쉬나(Usna)의 아들 니셰와 도망가 7년간 방랑생활을 한다. 그들은 용서해 준다는 왕의 말에 속아 귀국하여, 비극적인 일생을 마친다. 그들은 죽던 날 밤 조용히 장기를 두면서, 점점 다가오는 죽음의 공포를 물리친다.

That sat so still and played at the chess?
What but heroic wantonness?
A slow low note and an iron bell.

Aleel, his Countess;[10] Hanrahan[11]
That seemed but a wild wenching man;
What says the Clock in the Great Clock Tower?
And all alone comes riding there
The King[12] that could make his people stare,
Because he had feathers instead of hair.
A slow low note and an iron bell.

Tune by Arthur Duff[13]

---

10) Aleel, his Countess: 알릴(Aleel)은 아일랜드의 신화와 민담에 나오는 인물. 예이츠의 희곡 『캐슬린 백작부인』(*The Countess Cathleen*, 1892)에서 캐슬린 백작부인을 짝사랑하는 시인으로 등장하며, 가난에 허덕이는 사람들을 구하기 위해 영혼을 파는 백작부인을 만류하거나 위로하거나 하며 이상세계로 이끌고자 노력한다.

11) Hanrahan: 흔히 빨강머리 한라한(Red Hanrahan)으로 불리는 예이츠가 창조한 가상적 인물. 그는 심한 호색한 같으면서도 시인인 동시에 몽상가로서 예이츠의 젊은 시절의 일면을 상징한다. 한라한은 예이츠의 『비밀의 장미』(*The Secret Rose*, 1897)와 『빨강머리 한라한』의 중심인물이며, 그의 시 「탑」("The Tower")에도 등장한다.

12) The King: 『비밀의 장미』에 실린 「왕의 지혜」("The Wisdom of the King")에 나오는 인물. 그가 어릴 때 쉬이(Sidhe)가 잿빛 독수리로 변신해 날아와서 그의 입술에 피를 한 방울 떨어뜨렸다. 그래서 그의 몸에는 독수리의 피가 흘러 머리에 머리카락 대신 잿빛 독수리의 깃털이 자랐다. 그의 부왕은 아들이 인간들로부터 따돌림 당하지 않게 하려고, 모든 백성들에게 머리카락에 깃털을 묶고 다니라고 명령했다. 그는 굉장히 지혜롭고 명민했음에도 불구하고, 부왕의 명령으로 모든 백성들의 머리에는 깃털이 자란다고 믿었다. 그런데 그가 성장하여 자신이 사랑하게 된 여인이 깃털이 없는 것을 알고서, 들키지 않으려고 그녀를 데리고 왕국을 빠져나가 영영 돌아오지 않았다고 한다.

13) Arthur Duff(1899~1956): 더블린 트리니티 대학 출신의 작곡가. 15세에 더블린 그리스도 대성당(Christ Church Cathedral)의 오르간 연주자가 되었고, 1923년부터 1931년까지 아일랜드인 최초로 아일랜드 육군 군악장을 지냈다. 1933년 애비극장에서 가진 데뷔 연주를 계기로 더프와 예이츠는 친밀한 관계를 맺게 되었다. 이어서 예이츠의 제의로 더프는 시와 노래를 접목시킨 『대판지작곡집』(*Broadsides*, 1935; 1937)

장기를 두던 젊은 남자와 여자는?
영웅적인 분방함 말고 무엇이랴?
한 가닥 느리고 낮은 선율과 종소리.

알릴과 그의 백작부인.[10] 다만
젊은 호색한 같았던 한라한.[11]
큰 시계탑의 시계는 뭐라고 말하는가?
그리고 홀로 말을 타고 그곳으로 온다,
머리카락 대신에 깃털이 있었기 때문에
그의 백성들이 눈을 동그랗게 뜨게 했던 왕은.[12]
한 가닥 느리고 낮은 선율과 종소리.

아서 더프[13] 곡

《해설》

언뜻 이해하기 까다로운 이 시는 예이츠의 산문 희곡 『큰 시계탑의 왕』(1934)과 이것을 분리한 같은 제목의 운문 희곡 『큰 시계탑의 왕』(1935)과 『삼월의 보름달』(*The Full Moon in March*, 1935)에 나오는 노래이다. 원래 예이츠는 오스카 와일드(Oscar Wilde, 1856~1900)의 『살로메』(*Salomé*)를 아주 나쁜 작품이라고 맹비난했었지만, 사실은 이 작품의 영향을 받아 위의 3편의 희곡을 쓴 것으로 알려져 있다. 그리고 와일드의 『살로메』에서 살로메가 세례자 요한의 참수된 목을 쟁반에 올려놓고 춤추는 것이 절정을 이루듯이, 이들 희곡에서도 왕비

을 출간했는데, 여기에는 예이츠 시를 비롯한 여러 시인들의 작품이 실려 있다.

가 돼지 치는 천한 남자의 목이 잘린 머리를 안고서 춤추는 장면이 절정을 이룬다. 또한 살로메가 요한의 목을 얻음으로써 자신의 피를 끓게 하고도 자신을 외면함으로써 자존심을 상하게 한 남자에게 복수하고 나름대로의 사랑을 성취하는 것과 마찬가지로, 『큰 시계탑의 왕』에서 왕비가 무모하게 춤과 노래를 요청하는 천한 남자의 목을 베고 나서야 그의 요청을 받아들인다는 점에서 서로 유사점을 가지고 있다. 따라서 "참수된 목을 위한 선택적인 노래"란 돼지 치는 남자의 죽음을 애도하는 비가이자 왕비의 사랑의 성취를 노래하는 축가라고 할 수 있을 것이다.

이런 맥락에서 볼 때, 이 시는 바로 살아서는 사랑을 성취할 수 없고 죽은 뒤에야 비로소 결합할 수 있었던 비극적 연인들을 위한 비나리의 성격을 지니고 있다. 그래서 시인 예이츠는, 마치 「곡마단 동물들의 탈주」("The Circus Animals' Desertion")(*CP* 391-92)에서 주제가 고갈된 시인이 옛날 주제와 등장인물을 회상하듯이, 자신의 시와 극에 등장시켰던 비극적 인물이나 연인들을 상상 속에서 하나하나 불러내어, 그들이 비극적 운명을 당할 수밖에 없었던 내력을 반추해 본다.

그리고 중간 후렴 "큰 시계탑의 시계는 뭐라고 말하는가?"라는 구절은 이 시에서 불러내는 것은 모두 아일랜드의 고대 이교시대의 인물들이기 때문에, 높은 첨탑이나 큰 시계탑을 쌓은 이질적인 기독교의 시각에서는 이들을 어떻게 여길 것인가에 대한 언급으로 해석된다.

또 마지막 행의 후렴 "한 가닥 느리고 낮은 선율과 종소리"는 이교시대 영웅적 인물들의 활약상이나 비극적 인물들의 이야기는 지금도 여전히 생생하게 느껴지지만, 그것이 이질적인 교회에서 울려 퍼지는 느리고 낮은 찬송가라든가 기도를 알리는 교회의 종소리가 시인의 상상을 계속 현실로 끌어내리고 있다는 상징적 표현으로 볼 수 있다.

자못 웅장한 모습의 벤 불벤산
(출처: Carol M. Highsmith and Ted Landphair. *Ireland: A Photographic Tour*. Crescent. 1998. p. 103)

제1연에서 벤 불벤이나 녹나레이는 슬라이고 소재의 산들로서, 모두 갖가지 신화와 전설이 얽혀 있는 곳이다. 아일랜드 사람들은 아직도 초자연적인 존재를 실재로 받아들이고 있으므로, 자연히 이곳에 연고를 둔 이교시대의 인물들은 마치 살아 있는 사람들처럼 말 타고 달려 나온다. 그리고 이 비극적 인물들은 이들 산에서 나와 가까운 로씨즈 해변까지 달려오지만, 여기에서 잠들면 영원히 바보가 되거나 망각에 빠질 염려가 있기 때문에 말머리를 돌린다. 그들이 도착하는 곳은 그들의 모임장소가 있는 벤 불벤산의 중턱인데, 그것은 이곳에는 한밤중에 문이 열려 그들이 초자연적인 요정나라로 드나들 수 있는 출입구가 있기 때문이다(*Mythologies* 70).

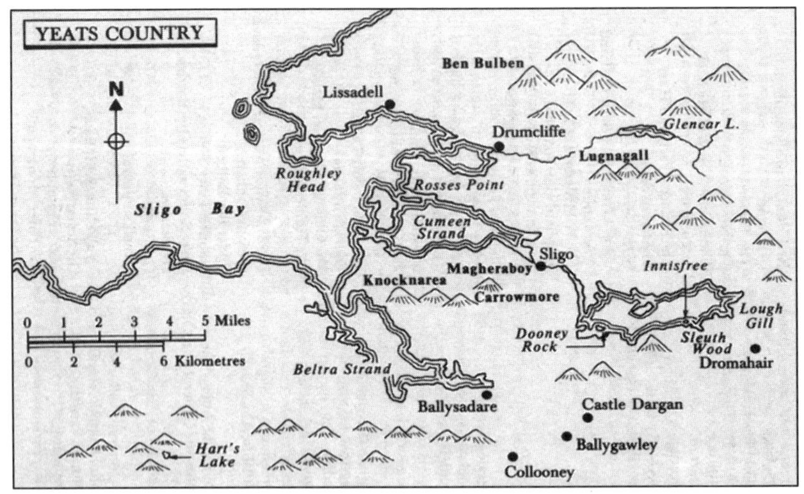

예이츠 컨트리의 지도(The Map of Yeats Country)
우측상단에 Ben Bulben, 그 아래에 Rosses Point, 그리고 중앙에 Knocknarea가 보인다.
(출처: Edward Malins and John Arthur Purkis. *A Preface to Yeats*. Longman. 1994. p. 198)

제2연은 비극을 맞이했던 등장인물들이 왜 굳이 그들의 본향을 떠나 멀리까지 나왔었는지에 대한 의문과 그에 대한 대답 형식으로 전개된다. 얼스터의 영웅인 쿠훌린은 메이브 여왕을 위해 충성을 다하며 먼 전장을 누빈 이름난 무장이었지만, 메이브의 간계에 넘어가 자신을 공격하는 젊은이가 자신의 아들인 줄 모르고 죽이게 된다. 이 사실을 뒤늦게 안 쿠훌린은 그 충격과 분노를 참지 못하고 밤새도록 밀려오는 파도와 싸우다가 결국 비극적인 생을 마감하고 마는 인물이다. 또 바다의 물거품 위로 말 달리던 니아브는 멀리 인간세계에 와서 전쟁에 패하고 슬픔에 젖어 있는 젊은 무사이자 시인인 어쉰을 초자연적인 요정세계로 데려가 영원한 행복의 섬을 찾고자 했지만, 현실의 인간세계에 대한 미련을 버리지 못한 어쉰과 결별할 수밖에 없었던 비련의 요정녀이다. 그리고 절세의 미모를 지닌 어린 데어드라는 약혼자인 늙은 코나하 왕을 배신하고 젊고 출중한 니셰와 도망가 전대미문의 최고로 멋진 사랑을 누렸다. 그러나 용서를 약속한 코나하에게 속아서 귀국하여 니셰는 처참하게 살해당하고 데어드라는 자살로 생을 마감하는 비운의 연인들인데, 그들은 죽음을 앞둔 순간에도 침착하게 장기를 두면서 죽음의 공포를 물리치고 의연한 죽음을 맞이함으로써 그들의 죽음을 비극적 환희로 승화시킨다(*Deirdre*, 1907 참조). 따라서 제2연에 소개된 비극적 인물들은 한결같이 비극적 최후를 맞이하는데, 그 까닭은 그들이 무슨 일이든 무모하게 저지른다든가 어떤 난관에 부딪쳐도 물러서지 않는 영웅적인 분방함을 지니고 있기 때문이라는 것이다.

제3연에 소개된 등장인물들은 위에 소개된 것과는 다른 유형의 비극적 주인공들이다. 알릴은 역시 고대 아일랜드 신화상의 인물인데, 예이츠의 희곡 『캐슬린 백작부인』에서는 캐슬린을 연모하는 시인으로 등장한다. 캐슬린은 현실주의자로 빈곤한 사람들을 구하기 위해 자신의 영혼을 파는 과단성 있고 측은지심이 있는 인물인 데 반하여, 알릴은 이상주의자로서 캐슬린의 그런 행동을 막는 입장에 선다. 따라서 그들의 사랑은 행복한 결합으로 이어질 수가 없는 비극적 사랑에 머물 수밖에 없다. 한라한은 예이츠 자신이 창조한 가상적 인물로 호색적이고 허황된 것을 찾아 헤매는 몽상가이자 시인이다. 자연히 한라한은 예이츠의 젊은 시절의 일면을 상징하며, 그의 탐색의 목표는 미궁에 봉착하는 결과를 초래한다(「탑」["The Tower"], Ⅱ. 41-57). 마지막으로 「왕의 지혜」에 나오는 왕은 그의 믿음과는 달리 모든 백성의 머리에 독수리의 깃털이 나지 않았기 때문에, 밖에 나오면 백성들이 놀라는 것은 물론이고 사람들과 어울리지 못하고 외톨이가 될 비극적 운명을 타고났음을 보여준다.

Two Songs Rewritten for the Tune's Sake

I

My Paistin Finn is my sole desire,
And I am shrunken to skin and bone,
For all my heart has had for its hire
Is what I can whistle alone and alone.
Oro, oro!
Tomorrow night I will break down the door.

What is the good of a man and he
Alone and alone, with a speckled shin?
I would that I drank with my love on my knee
Between two barrels at the inn.
Oro, oro!
To-morrow night I will break down the door.

Alone and alone nine nights I lay
Between two bushes under the rain;
I thought to have whistled her down that
I whistled and whistled and whistled in vain.
Oro, oro!
To-morrow night I will break down the door.

곡조를 위해 다시 쓴 두 편의 노래

조동열

I

나의 패이스틴 핀은 내가 유일하게 좋아하는 노래,
나는 피골이 상접하게 몸이 말랐지,
나의 심장이 그걸 얻기 위해 가진 모든 것은
내가 혼자서 휘파람을 불 수 있다는 것 뿐 이어서.
어서, 어서!
나는 내일 밤 그 집 문을 부술 것이네.

반점이 생긴 정강이가 있는, 혼자 있는
남자의 좋은 점은 무엇이란 말인가?
나는 술집에서 나의 무릎에 나의 연인을 앉히고서 술을 마시고 싶네,
두 통의 술 사이에서.
어서, 어서!
나는 내일 밤 그 집 문을 부술 것이네.

나는 혼자서 아홉 날의 밤을 누워 기다렸지
비 내리는 두 덤불 숲 사이에서.
휘파람 불면 그녀가 그 길로 나올 거라 생각했네,
나는 휘파람을 불고 또 불었지만 소용이 없었네.
어서, 어서!
나는 내일 밤 그 집 문을 부술 것이네.

From The Pot of Broth
Tune: Paistin Finn

II

I would that I were an old beggar
Rolling a blind pearl eye,
For he cannot see my lady
Go gallivanting by;

A dreary, dreepy beggar
Without a friend on the earth
But a thieving rascally cur—
O a beggar blind from his birth;

Or anything else but a rhymer
Without a thing in his head
But rhymes for a beautiful lady,
He rhyming alone in his bed.

From *The Player Queen*

출처: 「죽 단지」
곡: 페이스틴 핀

II

나는 보이지 않는 진주 눈을 굴리는
늙은 거지였으면 좋겠네,
그는 여인이 건들거리며 지나가도
볼 수 없으니.

도둑질하는 야비한 사람 이외에
세상에 친구 하나 없는
처량한, 서글픈 거지—
오 태어날 때부터 눈이 먼 거지.

아니면 아름다운 여인을 위해 시를 짓는 시인들 이외에
그의 머릿속엔 아무것도 없으면서,
그의 침대에서 혼자 시를 짓는
그런 사람이 아닌 다른 사림이 됐으면 좋겠네.

출처: 「배우 여왕」

《해설》

이 시는 예이츠가 한때 지지했던 파시스트 단체인 '푸른제복당'(Blue Shirts)의 행진곡으로 사용하기 위해 그의 희곡 작품에 삽입된 노래를 다시 쓴 작품이며, 그 후 그는 이 시를 다시 수정하여 『3월의 보름달』(*A Full Moon in March*)에 수록하였다.

첫 번째 시는 『육즙 단지』(*The Pot of Broth*)에 수록된 노래이다. 이 희곡에서 부부인 존(John)과 시비(Sibby)가 살고 있는 집에 저녁을 얻어먹기 위해 우연히 들린 한 방랑자는 시비가 시집을 온 후 그녀의 동네에서 그녀를 사모하여 총각들이 부르던 노래라며 그 부부에게 이 노래를 들려준다. 이 노래의 화자는 「파스틴 핀」("Paistin Finn")이라는 민요를 좋아하지만 연인이 없이 오직 혼자서 이 민요를 휘파람으로 불며 그래서 그는 몸이 말라간다. 연인을 무릎 위에 앉혀 놓고 술도 마시고 싶고 덤불 숲 사이에서 휘파람을 불며 그녀를 기다리지만 그녀는 나타나지 않는다. 그래서 그는 다음날 그녀 집에 찾아가 문을 부숴 놓겠다고 넋두리를 하고 있는 것이다.

행진 중인 푸른제복당원들 (출처: Catherine Fahy. *W. B. Yeats and his Circle*. The National Library of Ireland. 1992. p. 58)

두 번째 시는 『배우 여왕』(*The Player Queen*)에 삽입된 시이다. 이 희곡에서 데시마(Decima)라는 여성이 그녀의 미모에 대해 자랑하면서 그녀의 미모에 반한, 악처를 둔 유부남인 셉티무스(Septimus)가 그녀의 아름다움에 현혹되지 않도록 장님이 되기를 바라며 불렀다며 이 노래를 소개한다.

『배우 여왕』에 삽입된 원래의 노래는 다음과 같다.

O would that I were an old beggar
Without a friend on this earth
But a thieving rascally cur,
A beggar blind from his birth;

O anything else but a man
Lying alone on a bed
Remembering a woman's beauty
Alone with a crazy head.

이 시의 화자는 아름다운 여인에게 현혹되지 않도록 장님이 되기를 원한다. 그는 도둑질하는 야비한 사람 이외에 친구 한 명 없으며 태어날 때부터 장님이기를 바란다. 또한 그는 머릿속에는 아무것도 들어 있지 않으면서 침대에서 혼자 아름다운 여인에 대해 시를 짓는 그런 사람이 아니기를 기원하고 있다.

A Prayer for Old Age

God guard me from those thoughts men think
In the mind alone;
He that sings a lasting song
Thinks in a marrow-bone;

From all that makes a wise old man
That can be praised of all;
O what am I that I should not seem
For the song's sake a fool?

I pray — for fashion's word is out
And prayer comes round again —
That I may seem, though I die old,
A foolish, passionate man.

노년을 위한 기도

고준석

신은 나를 지켜주신다 사람들이 혼자
마음으로 생각하는 그러한 사색들로부터.
한결같이 노래를 부르는 사람은
뼛속 깊이까지 생각한다.

모든 사람들로부터 찬미 받을 수 있는
어진 노인과는 달리.
오 찬미 때문에 바보로 생각되지 않기 위해
그럼 내가 어떻게 해야지?

신이여 제발 — 유행어도 사라지고 없으니
다시 한 번 간구하나이다 —
나이가 들어 죽을지라도
어리석고, 정렬적인 남자로 여겨주소서.

《해설》

「노년을 위한 기도」("A Prayer for Old Age")는 1934년에 창작된 후에 『관객』(*Spectator*)에 게재된 시이다.

그레고리 부인(Lady Gregory)이 작고한 후에, 예이츠는 2년 동안 시 쓰기를 잠시 접었다. 그리고 예이츠는 정치로부터 일탈하고 쿨 장원(Coole Park)이 폐쇄되었을 때 더블린 사람들이 지껄이는 모든 세속적인 것으로부터 단절된 채 폐쇄적인 생활을 하면서 노년을 보내게 된다. 시인은 노쇠하여 더 이상 시를 계속하여 쓸 수 없는 상황에서 이 시를 집필하였다.

말년의 예이츠
(출처: Micheál Mac Liammóir and Eavan Boland. *W. B. Yeats*. Thames and Hudson. 1998. p. 119)

예이츠는 이 시에서 '한결같은 노래'를 지속할 수 있도록 몸의 '뼛속까지' 사무치도록 간구하는 기도의 자세로 노래함으로써 세속을 초월하는 경지까지 넘나드는 호소력을 지닌 발라드풍 시를 연상케 하고 있다.

예이츠는 독자들에게 충격을 주기 위하여 몸을 시어로 사용한다. 그는 "몸"이라는 용어를 그의 대부분의 글쓰기에서 핵심적인 개념으로 사용한다. 그는 이 시에서 에즈라 파운드(Ezra Pound)로 하여금 『위대한 시계탑의 왕』(*The King of the Great Clock Tower*)을 비난하도록 유발시켰다. 예이츠는 '지략적인' 시를 싫어한다고 말하게 만들었다.

예이츠는 「공기돌의 절단」("The Cutting of an Agate")에서 "우리는 지성이 아니라 온몸으로 이해되고 있는 그러한 사유를 오직 믿는다."(We only believe in those thoughts which have been conceived not in the brain but in the whole body.)(*E & I*, 235)고 강조하고 있는데, 이 부분은 「노년을 위한 기도」라는 시의 핵심적인 의미를 상기시키고 있다.

예이츠는 삼단논법으로 서론 · 본론 · 결론에서 신에게 기도하는 마음으로 머리(유행)보다는 온몸으로, 그리고 가슴으로 느낄 수 있는 시를 쓰고 싶어 영감이 살아나기를 기도하는 자세로 갈구하고 있다.

제1연에서는 세속적인 사람들과의 차별화를 은연중 내비치고 있다. 여기서 화자, 늙은이는 시인의 대리인이다. 시인은 세속적인 것과 고결하고 수수함을 차별화하려는 의도가 강렬하다.

제2연에서 가식적인 현자의 화려한 시들보다는 바보처럼 보여도 순수한 감정에서 터져 나온 시상을 기도하는 자세로 간구하고 있다.

제3연의 결론에서 다시 한 번 신께 비록 몸은 쇠약하나 창작의 순수한 열정은 변함이 없음을 호소하고 그 영감이 되살아나기를 기도하는 마음으로 호소하고 있다.

Church and State

Here is fresh matter, poet,
Matter for old age meet;
Might of the Church and the State,
Their mobs put under their feet.
O but heart's wine shall run pure,
Mind's bread grow sweet.

That were a cowardly song,
Wander in dreams no more;
What if the Church and the State
Are the mobs that howls at the door!
Wine shall run thick to the end,
Bread taste sour.

교회와 국가

조정명

시인이여,
여기 참신한 주제가 있다네.
늙은이에게 안성맞춤인 주제가.
교회와 국가의 힘.
한때 그것은 폭도들을 제압했었지.
하지만 아, 심장의 포도주가 순수성을 잃지 않고
마음의 빵이 그 달콤한 맛을 유지할 수만 있다면.

교회와 국가를 예찬하는 노래는
겁쟁이의 노래로 받아들여지겠지.
그러니 더 이상 꿈속에서 방황하지 마시기를.
더욱이 교회와 국가가
대문 앞에서 으르렁대는 승냥이마냥
폭도로 전락한다면?
포도주는 완전히 제 맛을 상실하고
빵 또한 쉬어버리겠지.

《해설》

1934년 8월에 「헛된 희망」("A Vain Hope")이란 제목으로 『스펙테이터』(*Spectator*)지에 발표된 이 시는 '푸른제복당'(Blue shirts)이란 파시스트 조직과 깊은 관련이 있는 것으로 알려져 있다.

처음에 예이츠는 오더피 장군(General Eoin O'Duffy, 1892~1944)이 이끄는 이 조직에 기대감을 가지고 희망적인 시선으로 바라보지만, 그들의 난폭한 행동에 실망하여 곧바로 지지를 철회한다. 그 후 시 전문 저널 『시』(*Poetry*) 지에 기고한 「세 노래에 대한 논평」("Commentary on the Three Songs")이란 글에서 이 시에 대하여 언급한 바 있다(Jeffares, *A New Commentary*, 349, 499).

이 시는 아일랜드가 자치국이 된 이래 시와 예술이 대우를 받지 못하는 상황에서 예이츠의 안타까운 심정을 담고 있다. 드 발레라(Eamon de Valera, 1882~1975)의 묵인 내지 지지하에 폭도와도 같은 민중들이 지배하는 상황에서, 예이츠는 아일랜드 정치 지도자들의 무능을 이렇게 힐난한 바 있다. "폭도들의 무법천지가 중단되지 않는다면 아일랜드 민중들의 삶은 폭력으로 얼룩지거나 무관심으로 흐를 것이다. 의회와 아일랜드 정부는 폭도들을 추종한다는 불명예를 얻을 것이고, 방탕으로 흐를 것이다. 문인들은 폭도들이 날뛰는 무법천지에서 겨우 연명을 할 것이다. 폭도들이 지배하는 사회에 부합하기 위하여 박물관・학교・대학을 악용한다면, 어떤 정부도 경제적인 통합 못지않게 '문화의 통합'(Unity of Culture)을 추구한다 하더라도 아무런 성과도 얻지 못할 것이다." 그러면서 그는 폭도들을 제압할 수 있는 강력한 정부의 필요성을 역설한다. "그런 정부나 정당이 존재한다면, 여생을 바칠 만한 가치가 있다"면서, 그는 당시 민중들로부터의 소외감을 "존재하지 않은 정당을 위한 행진곡을 지으면서"란 비유를 통해 달래기도 한다(The Variorum Edition of Poems of W. B. Yeats, 836). 그 같은 소외감에서 비롯된 이 시에서 예이츠는 '교회와 국가'의 옛 권위 회복을 열망하면서도 또 한편 그것이 인간을 옥죄는 폭압적 권력으로 둔갑하게 될 것을 우려한다(Paul Scott Stanfield, *Yeats and Politics in the 1930s*, 22-23).

1930년 초반에 이르러 예이츠는 자신의 정치적인 견해를 재점검하기 시작한다. 당시 예이츠에게 드 발레라(Eamon de Valera)는 폭도들 편에 선 것으로 비쳐진다. 스포츠 육성에만 신경을 쓰는 상류층과 종교적 정치적 광신주의에 빠져 있는 중산층 모두에게 깊은 환멸감을 느끼고 있던 예이츠는 높은 교양과 치안 질서를 유지할 수 있는 전통적 가치관을 재정비하는 것만이 그러한 상황을 바로잡을 수 있다고 생각한다. 문화의 재탄생, 즉 '문화의 통합'(Unity of Culture)에 대한 관심을 다시 촉발시킨다. 그런 쇄신책은 민주적인 방식으로 이룩할 수는 없다고 생각한다. 그래서 1933년경에는 한때 오더피 장군이 이끄는 '블루셔츠'란 아일랜드 파시즘 운동에 지지를 보내는가 하면, 소수 엘리트 계층이 지배하는 국가 건설을 꿈꾸면서, 「세 편의 행진곡」("Three Marching Songs")이란 시를 쓰기도 한다(Sam McCready, *Yeats Encyclopedia*, 142).

Supernatural Songs

Ⅰ. Ribh at the Tomb of Baile and Aillinn

Because you have found me in the pitch-dark night
With open book you ask me what I do
Mark and digest my tale, carry it afar
To those that never saw this tonsured head
Nor heard this voice that ninety years have cracked.
Of Baile and Aillinn you need not speak,
All know their tale, all know what leaf and twig,
What juncture of the apple and the yew,
Surmount their bones: but speak what none have heard.
The miracle that gave them such a death
Transfigured to pure substance what had once
Been bone and sinew; when such bodies join
There is no touching here, nor touching there,
Nor straining joy, but whole is joined to whole;
For the intercourse of angels is a light
Where for its moment both seem lost, consumed.

Here in the pitch-dark atmosphere above
The trembling of the apple and the yew,
Here on the anniversary of their death,

초자연의 노래

Ⅰ. 리브는 발이아과 일인의 무덤에서

서혜숙

칠흑같이 어두운 밤에 그대는 나를 발견하자
책을 펴고 무엇을 하는지 내게 물었기 때문이요.
내 이야기를 귀 기울여 듣고, 이해해서, 멀리 전하시오.
이 삭발한 머리를 본 적이 없는 사람들에게까지,
90 나이로 쇠약해진 이 목소리를 들어본 적이 없는 사람들에게도.
발과 아일린의 이야기를 그대가 말할 필요는 없소.
모두가 그 이야기를 알고 있으니. 그들의 시체 위에서 자라난
사과나무와 주목의 결합이 어떤지, 잎과 가지가 어떤지
모두들 다 알고 있으니. 그러나 누구도 들어본 적이 없는 이 말을
  전하시오.
그들에게 그런 죽음을 준 기적이 한때는 뼈와 심줄이었던 몸을
순수한 실체로 변화시켰다오. 그들의 몸이 합쳐졌을 때
이쪽도 촉감은 없었고, 저쪽도 촉감은 없었소.
팽팽한 기쁨도 없었소, 다만 전체는 전체로 결합될 뿐이오.
천사들의 결합은 빛이기 때문이라오.
결합되는 그 순간에 둘은 사라져 없어졌다오.

그 사과나무와 주목의 떨림 위에
칠흑 같은 어둠이 내린 지금,
그들의 제삿날인 지금,

The anniversary of their first embrace,
Those lovers, purified by tragedy,
Hurry into each other's arms; these eyes,
By water, herb and solitary prayer
Made aquiline, are open to that light.
Though somewhat broken by the leaves, that light
Lies in a circle on the grass; therein
I turn the pages of my holy book.

《해설》

「초자연의 노래」("Supernatural Songs")는 12편으로 구성되어 있다. 예이츠가 등장시킨 리브는 아일랜드의 신화적 인물 어신(Oisin)과 초기 기독교 성자 패트릭(St. Patrick)을 결합시켜 만든 등장인물로, 모든 종교의 근본적 뿌리에 있는 본질적인 전율을 표현하고 있다. 리브는 아일랜드의 유령에서부터 수미산 산정에서 수행하는 수도자의 선정에 이르기까지 초자연에 대한 시인의 사상을 대변하는 '마스크'이다.

첫 번째 시 「발이아와 일인의 무덤에서」에서는 적대관계에 있는 두 집안의 남녀가 이승에서 이루지 못한 사랑을 저승에서 이루게 되었다는 아일랜드에서 유명한 이야기를 일본의 노극(Nishikigi; 錦木)과 관련짓고 있다. 그러나 이 시에서는 두 연인이 사후에 스님을 찾아가 영혼결혼식을 하는 그 노극과는 달리 두 연인의 사랑이 사제를 정화시킨다. 아일랜드에는 사후에 발이아의 무덤에서는 주목이, 일인의 무덤에서는 사과나무가 자라나서 한 시인이 그 두 나무 가지를 베어서 타라(Tara)에 옮겨 심었더니, 두 가지가 한 나무로 자랐다는 이야기가

그들의 첫 포옹의 기념일,
비극으로 정화된 이 연인들은
서둘러 서로를 끌어안았다오.
물과 약초 그리고 고독한 기도로
매같이 변한 그들의 눈은 그 빛에 열려 있소.
나뭇잎들로 인해 다소 일그러지긴 했지만, 그 빛은
풀잎 위에 둥근 원을 그렸소. 그 빛 속에서
나는 나의 성스러운 책장을 넘긴다오.

있다. 리브는 사후에 그들이 사랑의 결합으로 순수한 실체로 변하는 기적을 일으켰음을 널리 알리라고 한다. 두 연인의 사랑이 풀밭 위에 원을 그리며, 천상의 빛으로 승화되고, 리브는 그 빛으로 기도서를 읽는다. 예이츠는 연인의 열정은 불경스러운 것이 아니라 종교적인 차원으로 승화될 수 있다는 탄트리즘적인 견지를 보이고 있다. 리브에게 정신적 현현은 아가페적 사랑이 아니라 에로스적 사랑에서 온다.

현세에서 해탈을 추구하는 탄트리즘은 육체를 신성시하고, 육체가 양극의 세상을 포함하고 있는 우주의 상징이고, 힌두교도에게는 남성과 여성의 몸이 시바(Shiva)와 삭티(Shakti)를 상징하고, 불교도에게는 지혜(Prajna)와 방편(Upaya)를 상징한다. 그래서 성적 결합은 시바와 삭티의 결합 혹은 지혜와 방편의 결합으로 해탈의 상징이다. 힌두 탄트리즘에서 삭티는 활동적인 여성 에너지이고, 시바는 수동적인 남성 의식인 반면에, 불교 탄트리즘에서는 지혜가 수동적인 여성성이고 방편이 동적인 남성성이다. 해탈의 희열은 남녀교합의 기쁨에 비유된다.

II. Ribh denounces Patrick

An abstract Greek absurdity has crazed the man —
Recall that masculine Trinity. Man, woman, child(a daughter or a son),
That's how all natural or supernatural stories run.

Natural and supernatural with the self-same ring are wed.
As man, as beast, as an ephemeral fly begets, Godhead begets Godhead,
For things below are copies, the Great Smaragdine Tablet said.

Yet all must copy copies, all increase their kind;
When the conflagration of their passion sinks, damped by the body or the mind,
That juggling nature mounts, her coil in their embraces twined.

The mirror-scaled serpent is multiplicity,
But all that run in couples, on earth, in flood or air, share God that is but three,
And could beget or bear themselves could they but love as He.

Ⅱ. 리브는 패트릭을 비난한다

서혜숙

추상적인 희랍의 부조리가 그 남자를 미치게 했다. —
그 남성중심의 삼위일체를 상기하시오. 남자, 여자, 아이(딸이든 아들이든),
이들로 인해 모든 자연계와 초자연계가 이어진다.

자연계와 초자연계가 똑 같은 순환구조로 짜여 있다.
인간, 짐승, 하루살이가 새끼를 낳는 것처럼 신은 신을 낳는다.
'위대한 에메랄드 표'에 의하면 하계의 중생들은 복사물이기 때문이다.

여전히 모두는 복사물을 복사하고, 모두는 그들의 종족을 늘려나간다.
그들의 정열의 불이 그 육체나 정신에 의해 축축해져 꺼질 때
그 요술 같은 성질이 위로 올라, 그들의 포옹 속에서 또아리 틀어 짝짓는다.

거울 같은 허물을 벗는 뱀은 다양성이다.
그러나 뭍에서나 물에서 혹은 대기에서 짝짓는 것은 모두 삼위일체의 신성을 갖는다.
그리고 신처럼 사랑을 한다면 모두는 스스로 새끼를 배고 낳을 수 있다.

Ⅲ. Ribh in Ecstasy

What matter that you understood no word!
Doubtless I spoke or sang what I had heard
In broken sentences. My soul had found
All happiness in its own cause or ground.
Godhead on Godhead in sexual spasm begot
Godhead. Some shadow fell. My soul forgot
Those amorous cries that out of quiet come
And must the common round of day resume.

《해설》

두 번째 시 「리브는 패트릭을 비난한다」에서는 생성의 법칙이 초자연계나 자연계가 동일하다는 것을 말한다. 자연계를 창조한 신처럼 '순수한 본성'인 신성을 지닌 인간도 사랑으로 스스로 아이를 배어 낳는다. 자연계의 삼위일체인 남자, 여자, 아이(딸 혹은 아들)는 초자연계와 동일한 원을 갖고 결합한다. 예이츠는 예수를 하나님의 독생자로 십자가에 못박힌 모습으로 생각하기 보다는 아버지와 어머니 사이에서 그들의 사랑으로 태어난 아이의 모습으로 생각한다. 그리스 교회 성직자의 주장을 이어받은 기독교의 삼위일체는 성부와 성자와 성령으로 모두 남성이다. 그러나 남성만으로는 우주의 질서가 이루어지지 않는다. 예이츠는 남녀의 열정에 의한 자연적인 결합은 신성한 것이며, 두 상반된 에너지의 결합으로 이율배반이 해소되는 영원한 순간의 상징을 본다.

Ⅲ. 황홀경에 잠긴 리브

서혜숙

그대가 아무 말도 이해 할 수 없은들 무슨 상관이냐!
나는 내가 들은 것을 엉터리로
말하거나 노래했다. 나의 영혼은
그 원인이나 근원에서 모든 행복을 찾았었다.
신은 신끼리 성적 경련으로 신을 낳는다.
어떤 그림자가 쓰러졌다. 나의 영혼은
고요에서 나오는 그런 사랑의 외침을 잊었다.
그리고 일상의 나날이 다시 시작된다.

세 번째 시「황홀경에 잠긴 리브」에서도 리브는 열정의 황홀경에서 창조의 신비를 통찰한다. 성은 단순히 육적 쾌락이 아니라 창조의 원동력이며, 절대적 최고 원리와 일치를 이룰 수 있는 한 방편이다. 리브가 느끼는 황홀감은 '사랑의 외침'으로 표현되고, 그 기쁨은「동요」("Vacillation")에서 노래한 '행복'과 같은 것으로 영적인 것이다. 시인은 그 기쁨도 잠시일 뿐 다시 통속적인 일상사로 돌아온다고 말하여, 그 순간이 대단히 얻기 어려운 것임을 일러준다.

Ⅳ. There

There all the barrel-hoops are knit,
There all the serpent-tails are bit,
There all the gyres converge in one,
There all the planets drop in the Sun.

Ⅴ. Ribh considers Christian Love insufficient

Why should I seek for love or study it?
It is of God and passes human wit.
I study hatred with great diligence,
For that's a passion in my own control,
A sort of besom that can clear the soul
Of everything that is not mind or sense.

Why do I hate man, woman or event?
That is a light my jealous soul has sent.
From terror and deception freed it can
Discover impurities, can show at last
How soul may walk when all such things are past,
How soul could walk before such things began.

Ⅳ. 저기

서혜숙

저기에서는 모든 원통의 테가 결합하고,
저기에서는 모든 뱀의 꼬리가 입에 물려 있고,
저기에서는 모든 소용돌이가 하나로 집중되고,
저기에서는 모든 행성들이 태양 속으로 사라진다.

Ⅴ. 리브는 기독교적인 사랑을 불만스럽게 생각한다

서혜숙

내가 왜 사랑을 찾고 그것을 탐구해야만 하는가?
그것은 신이 할 일이고, 인간의 지성을 벗어나는 일이다.
나는 아주 열심히 증오를 탐구한다.
증오는 내가 조절 할 수 있는 열정이기 때문이고,
정신이나 감각이 아닌 모든 존재의 영혼을
깨끗하게 쓸어내리는 빗자루 같은 것이기 때문이다.

나는 왜 남자나 여자 혹은 사건을 미워해야 하는가?
그것은 나의 질투어린 영혼이 보낸 빛이다.
공포와 기만으로부터 자유로운 영혼은
부정함을 찾아낼 수 있고, 결국에는 보여줄 수 있다.
그런 모든 부정한 일들이 지났을 때 어떻게 영혼이 걸을 수 있고,
그런 부정한 일들이 시작되기 전에 어떻게 영혼이 걸을 수 있는지를.

Then my delivered soul herself shall learn
A darker knowledge and in hatred turn
From every thought of God mankind has had.
Thought is a garment and the soul's a bride
That cannot in that trash and tinsel hide:
Hatred of God may bring the soul to God.

At stroke of midnight soul cannot endure
A bodily or mental furniture.
What can she take until her Master give!
Where can she look until He make the show!
What can she know until He bid her know!
How can she live till in her blood He live!

《해설》

네 번째 시 「저기」는 모든 이원성이 해소되는 완전한 세계, 조화로운 세계 즉 열반의 세계를 나타낸다. 예이츠가 『비전』(*A Vision*)에서 언급한 구체(a sphere)인 제13원추를 말한다. 입에 꼬리를 물고 있는 뱀은 고대의 상징으로 시작이 곧 끝이라는 의미를 지녀 윤회사상 혹은 영원성의 상징이다. 그러나 탄트리즘의 성취는 인간의 회음부에 있는 근원적 에너지인 '잠자는 뱀' 즉 쿤달리니를 정수리에 있는 사하스라라 차크라까지 끌어올려 시바와 삭티가 최후의 합일을 이룰 때 실현된다. 모든 행성이 태양과 합일된다.

그러면 나의 해방된 영혼은
더 신비로운 지식을 배우고, 인류가 지녀왔던
신에 대한 모든 사상을 증오 속에서 바꾼다.
사상은 옷이고, 영혼은 신부다.
그런 값싸고 번지르르한 쓰레기로 감출 수 없다.
신에 대한 증오가 영혼을 신에게 데려간다.

한 밤중 종소리에 영혼은
육체적이거나 정신적인 부속품을 견디지 못한다.
'주님'이 주기 전에 영혼은 무엇을 가질 수 있겠는가!
'주님'이 상연하기 전에 어디를 볼 수 있겠는가!
'주님'이 영혼에게 알기를 명령하기 전에 무엇을 알 수 있겠는가!
'주님'이 영혼의 피 속에 살 때까지 영혼이 어떻게 살 수 있겠는가!

다섯 번째 시 「리브는 기독교적인 사랑을 불만스럽게 생각한다」에서는 우리가 지닌 신에 대한 생각을 증오하라고 한다. 모든 이미지는 이미지 없는 진리의 곡해인 것이다. "신에 대한 증오는 영혼을 신에게로 데려다준다"는 모든 생각, 신이라는 생각조차도 벗어나야만 영혼이 신에 도달한다는 말이다. 영혼이 신에 도달한 경지를 트리야(Turiya)라 하는데, '순수한 본성'을 나타내는 영혼의 4번째 단계를 가리킨다.

Ⅵ. He and She

As the moon sidles up
Must she sidle up,
As trips the sacred moon
Away must she trip:
'His light had struck me blind
Dared I stop'.

She sings as the moon sings:
'I am I, am I;
The greater grows my light
The further that I fly'.
All creation shivers
With that sweet cry.

《해설》

여섯 번째 시 「그와 그녀」에 대해서 예이츠는 1934년 8월 25일 셰익스피어 부인에게 보낸 편지에서 "이 시는 영혼에 대한 것"이라고 썼다.

Ⅵ. 그와 그녀

서혜숙

달이 미끄러지듯 떠오를 때
그녀도 미끄러지듯 떠올라야만 한다.
그 성스런 달이 여행할 때
그녀도 여행을 떠나야만 한다.
'그의 빛이 나를 눈멀게 했기에
나는 감히 멈출 수가 없었네'.

달이 노래할 때 그녀는 노래한다.
'나는 나다, 나는 나다.;
나의 빛이 더 커지면
나는 더 멀리 날아간다.'
모든 피조물은
이 행복한 외침에 몸을 떤다.

태양과 달을 신랑과 신부로 그리고 신과 영혼으로 비유하고 있다. 그리고 신랑과 신부의 결합은 영혼과 신의 합일로 노래한다. 범아일여이다. 그때 신랑과 신부의 성적인 결합에서 '행복한 외침'(sweet cry)으로 기쁨에 넘친다.

Ⅶ. What Magic Drum?

He holds him from desire, all but stops his breathing lest
Primordial Motherhood forsake his limbs, the child no longer
  rest,
Drinking joy as it were milk upon his breast.

Through light-obliterating garden foliage what magic drum?
Down limb and breast or down that glimmering belly move
  his mouth and sinewy tongue.
What from the forest came? What beast has licked its young?

《해설》

일곱 번째 시 「어떤 마법의 북소리인가」에서는 '최초의 모성'이 신으로 영혼이 아이로 묘사된다.

Ⅶ. 어떤 마법의 북소리인가

서혜숙

그는 욕망을 억제하며 거의 숨을 멈춘다.
'최초의 모성'이 그의 사지를 져버리고, 아이는 더 이상
그의 젖가슴 위의 젖처럼 기쁨을 마시며 쉴 수 없다.

빛이 사라진 정원수 잎사귀 사이에서 어떤 마법의 북소리인가?
사지와 가슴 아래 또는 그 어렴풋한 복부 아래서 그의 입과 힘줄
돋은 혀가 움직인다.
그 숲에서 무엇이 왔느뇨? 어떤 짐승이 어린 제 새끼를 핥았느뇨?

Ⅷ. Whence had they come?

Eternity is passion, girl or boy
Cry at the onset of their sexual joy
'For ever and for ever'; then awake
Ignorant what Dramatis Personae spake;
A passion-driven exultant man sings out
Sentences that he has never thought;
The Flagellant lashes those submissive loins
Ignorant what that dramatist enjoins,
What master made the lash. Whence had they come,
The hand and lash that beat down frigid Rome?
What sacred drama through her body heaved
When world-transforming Charlemagne was conceived?

《해설》

여덟 번째 시 「그들이 어디서 왔는가」에서는 성적인 사랑의 신성함을 노래하며, 인간의 성적 반응이 초인적인 힘에 의해 조정되며, 모든 역사적 변화도 성의 비밀스런 극이라고 한다.

Ⅷ. 어디서 그들이 왔는가?

서혜숙

영원은 정열이다. 젊은 남녀는
성적인 기쁨이 시작 될 때 소리친다.
'영원히 영원히' 그러나 깨어나면
'등장인물'이 했던 말을 잊어버린다.
정열에 휘몰려 기쁨에 넘친 남자는
생각하지도 못했던 말로 노래 부른다.
'고행자'는 극작가가 무엇을 지시하는지,
어떤 장인이 채찍을 만들었는지도 모르고
순종하는 자기 엉덩이를 채찍으로 매질한다.
형식적인 로마를 매질한 그 손과 채찍은 어디서 왔는가?
세상을 변화시킨 칼 대제가 아기를 가졌을 때
어떤 신성한 극이 로마의 육체를 부풀렸던가?

Ⅸ. The Four Ages of Man

He with body waged a fight,
But body won; it walks upright.

Then he struggled with the heart;
Innocence and peace depart.

Then he struggled with the mind;
His proud heart he left behind.

Now his wars on God begin;
As stroke of midnight God shall win.

《해설》

아홉 번째 시 「인간의 사계절」은 『비전』에서도 언급했듯이, 인간의 4계절은 4대 요소와 육체의 기관, 마음의 기능 그리고 역사와 상응한다. 즉 첫 단계는 땅, 복부, 본능, 초기 자연이 지배하는 문화이고, 둘째 단계는 물, 피와 생식기관, 정열, 무장한 성의 시대, 기사도가 지배하는 문화이고, 셋째 단계는 공기, 폐, 사상, 르네상스에서 19세기 말까지 시대이고, 넷째 단계는 불이며 영혼이고 우리의 증오로 우리의 문화를 버리는 시대이다.

또한 인간의 4계절은 예이츠가 설명한 만두캬 우파니샤드의 영혼의

IX. 인간의 사계절

서혜숙

그는 육체와 싸웠다.
그러나 육체가 이겼다. 육체는 꼿꼿이 걷는다.

다음에 그는 심장과 싸웠다.
순진과 평화가 떠났다.

다음에 그는 마음과 싸웠다.
그는 그의 자랑스러운 마음을 떠났다.

이제 그는 신과 싸움을 시작한다.
한밤중에 신이 이긴다.

4단계로도 해석된다. 첫 단계는 글자 'A'로 육체이고, 둘째는 글자'U'로 가슴이고, 셋째는 글자 'M'으로 마음이며, 넷째는 성음 'Aum'으로, 어떤 대상에 매이지 않는 의식이나 목적에 매이지 않는 축복 즉 '순수한 본성'인 트리야이며, 투쟁과 갈등이 없는 '신'의 상태이다.

그런 '신'의 상태가 뒤의 열 번째 시 「천체의 합일」에서 화성과 금성의 결합과 목성과 토성의 결합을 그린다. 예이츠는 『비전』에서 종교적인 질서가 달의 제15상에서 시작되고 끝이 나는데, 시작 지점에 위치한 화성과 비너스의 결합이 예수와 연결되고, 끝 지점에 목성과 토성의 결합이 일어나며 붓다와 연결된다고 본다.

X. Conjunctions

If Jupiter and Saturn meet,
What a crop of mummy wheat!

The sword's a cross; thereon He died:
On breast of Mars the goddess sighed.

XI. A Needle's Eye

All the stream that's roaring by
Came out of a needle's eye;
Things unborn, things that are gone,
From needle's eye still goad it on.

《해설》

열한 번째 시 「바늘구멍」은 인간의 영혼의 성장과정과 문화의 순환과정과 관련 있다. 『비전』에서 소용돌이(Gyre)는 원추형으로 선회하면서 위로 퍼져 가서 정점에 닿으면, 그 원추의 중심으로 옮겨져서 이번에는

X. 천체의 합일

서혜숙

만약에 목성과 토성이 만나면
이집트 밀의 수확은 어떨까?

검은 십자가이다. 그 위에서 '주님'은 죽었다.
화성의 가슴 위에서 여신(금성)이 한숨지었다.

XI. 바늘구멍

서혜숙

우렁찬 소리를 내며 흐르는 시내는
하나의 바늘구멍에서 나온다.
아직 태어나지 않은 것, 이미 죽은 것,
여전히 바늘구멍에서 흘러가도록 재촉한다.

역반향으로 아래로 퍼져간다. '바늘구멍'은 하나의 소용돌이가 다 뻗어가서 새로운 소용돌이가 형성되는 구심점을 말한다. '바늘구멍'은 인간의 영혼이 현재와 과거와 미래가 한 순간에 모여 '궁극의 실체'가 실현되는 순간이며, 새로운 종교적인 질서가 시작되는 시점이기도 하다.

XII. Meru

Civilisation is hooped together, brought
Under a rule, under the semblance of peace
By manifold illusion; but man's life is thought,
And he, despite his terror, cannot cease
Ravening through century after century,
Ravening, raging, and uprooting that he may come
Into the desolation of reality:
Egypt and Greece, good-bye, and good-bye, Rome!
Hermits upon Mount Meru or Everest,
Caverned in night under the drifted snow,
Or where that snow and winter's dreadful blast
Beat down upon their naked bodies, know
That day brings round the night, that before dawn
His glory and his monuments are gone.

《해설》

열두 번째 시 「메루」는 시간의 쳇바퀴를 벗어나 '궁극의 실재'를 깨닫기 위해 수미산 산정에서 한겨울 무서운 돌풍과 눈 속에서 발가벗은 몸으로 수행한다. 티벳의 카일라스나 인도의 메루 산에서 수행하는 은자는 인간이 생각하는 자아뿐만 아니라 우주의 현상이 공(空)하다는

XII. 메루

서혜숙

문명은 함께 테를 두르고 있다.
하나의 지배 아래, 다양한 환영으로 생긴
평화를 가장한 채. 그러나 인간의 생명은 사색이다.
그리고 인간은 공포에도 불구하고 수세기를 거쳐
갈망을 멈추지 않는다.
갈망하면서, 분노하면서, 쫓겨나면서
인간은 실재의 황량함 속으로 들어간다.
이집트와 그리스여 안녕 그리고 로마여 안녕!
메루와 에베레스트 산 위에
한밤중 눈보라 덮힌 동굴 속 은자들이나
눈과 겨울의 끔찍한 바람이
그들의 벗은 몸을 때리는 곳 은자들은 안다.
낮이 가면 밤이 오고, 새벽이 오기 전에
인간의 영광과 기념비가 사라진다는 것을.

진리를 체득하려 한다. 예이츠는 메루산을 윤회의 수레바퀴와 현상계를 벗어나는 지점으로 생각한다. 시인은 그 동양의 수행자들과 같은 비전으로 서구 물질문명의 허망함을 안다. 1934년에 예이츠는 스리 프로히트 스와미(Shri Purohit Swami)의 『성스러운 산』의 서문을 쓴 바 있다.

예이츠는 12편의 「초자연의 노래」를 통해 초자연계를 자연계에서 다양하게 표현했다.

#『새 시 들』

New Poems (1938)

The Gyres

The gyres! the gyres! Old Rocky Face, look forth;
Things thought too long can be no longer thought,
For beauty dies of beauty, worth of worth,
And ancient lineaments are blotted out.
Irrational streams of blood are staining earth;
Empedocles has thrown all things about;
Hector is dead and there's a light in Troy;
We that look on but laugh in tragic joy.

What matter though numb nightmare ride on top,
And blood and mire the sensitive body stain?
What matter? Heave no sigh, let no tear drop,
A-greater, a more gracious time has gone;
For painted forms or boxes of make-up
In ancient tombs I sighed, but not again;
What matter? Out of cavern comes a voice,
And all it knows is that one word 'Rejoice!'

Conduct and work grow coarse, and coarse the soul,
What matter? Those that Rocky Face holds dear,
Lovers of horses and of women, shall,
From marble of a broken sepulchre,

가이어

김영민

가이어! 가이어! 늙은 바위 얼굴이여, 앞을 내다보라.
오랜 기간 동안 생각된 것은 더 이상 생각될 수가 없다.
왜냐하면 미인은 미인으로, 가치는 가치로 죽어가고,
옛 모습은 흔적도 없이 지워지기 때문에.
미친 피의 물결이 대지를 물들이고
엠페도클레스는 만물을 이리저리 내던진다.
헥토르는 죽고 트로이에는 빛이 있다.
바라보고 있는 우리는 다만 비극적 환희 속에 웃는다.

하지만 감각을 마비시키는 악몽이 짓누르고
피와 고통으로 예민한 몸을 물들게 한들 무슨 상관인가?
무슨 상관인가? 한숨 쉬지 말고, 눈물 흘리지 말라,
보다 멋지고 좋은 시간은 지나가버렸다,
옛 무덤 안에서 그려진 형상이나 화장품 상자를 보고
한숨지었지만, 다시는 그러지 않을 것.
무슨 상관이랴? 동굴로부터 한 목소리가 들린다.
그리고 그 목소리가 아는 것은 단지 한 마디 "기뻐하라!"

행위와 일이 점점 조야해지고, 영혼도 추하게 된다.
무슨 상관이랴? 바위 얼굴이 애지중지하던 것들,
말(馬)들과 여자들을 사랑했던 이들은
부서진 무덤의 대리석으로부터

Or dark betwixt the polecat and the owl,
Or any rich, dark nothing disinter
The workman, noble and saint, and all things run
On that unfashionable gyre again.

《해설》

이 시 「가이어」는 1936년 7월과 1937년 1월 사이에 쓰였다. 이 시의 화자는 아일랜드 내란으로 쿨 파크(Coole Park)와 같은 아일랜드 자연의 표상이 전쟁과 파괴로 황폐해져 불타버린 흔적도 없이 지워진 옛 모습을 거리를 두고 관찰하면서, "하지만 감각을 마비시키는 악몽이 짓누르고 / 피와 고통으로 예민한 몸을 물들게 한들 무슨 상관인가?"라고 무엇이 중요한가 스스로 질문해 보면서 명상에 빠져 있다.

예이츠는 가이어라는 기하학적 도형을 인간문명의 발전에 대한 비유로 사용하기를 좋아한다. 중심은 문명과 질서를 재현하고 주변외곽은 혼돈과 불확실성을 재현한다. 가이어는 원래 소용돌이치며 올라가는 나선형 계단(whirling spiral) 혹은 순환적인 움직임(circular movement)을 묘사하는데 사용한다. 예이츠의 『비전』에 예이츠 자신은 다음과 같이 가이어를 설명하고 있다:

선(line)은 시간의 상징이고 움직임을 표현한다. 선은 정서적인 주관적 정신을 상징하고, 오른쪽 각에서 선을 자르는 면(plane)은 움직이는 선과 함께 결합되어 3차원 또는 그 이상의 공간을 구성하여 정서에 반대되는 객관적인 모든 것의 상징인 지성을 나타낸다. 선과 면이 가이어(gyre)에서 결합하고, 한두 가지 경향이 항상 더 강해질 경우가 생겨서, 가이어가 항상 팽창 아니면 수축을 하게 된다. 단순히 묘사하자면 가이어는 원추

아니면 족제비와 부엉이 사이의 어둠으로부터
아니면 깊은 어떤 어둠의 공허로부터
숭고하고도 성자 같은 일꾼의 시체를 발굴해 낼 것이고,
만물은 다시 그 세월 타지 않는 가이어를 따라 돌아갈 것이다.

> (cone)와 같이 그릴 수 있다. 때로는 이 가이어는 개인적인 영혼, 때로는 일반적인 삶을 나타낸다. 인간의 영혼도 자연의 영도 갈등(conflict) 없이는 억압될 수가 없다는 전제하에. 따라서 한 원추는 사실상 2개의 원추인 셈이다.
>
> (*A Vision*, 1925, 120)

따라서 두 개의 팽창하는 가이어와 두 개의 수축하는 가이어 총 4개의 가이어가 하나의 체계를 이루고, 다른 원추의 원의 기저에 각각의 원추의 끝인 점이 닿게 된다. 이렇게 구성된 각각의 가이어는 서로의 한계에 도달하게 되면 원과 점이 서로 위치를 바꾸어 재앙에 직면한 세계를 나타내고 또 다시 서로의 다른 한계로 팽창하거나 수축하면서 서로 묶인 채로 다음 한계로 치닫는다. 그림으로 보면 다음과 같다.

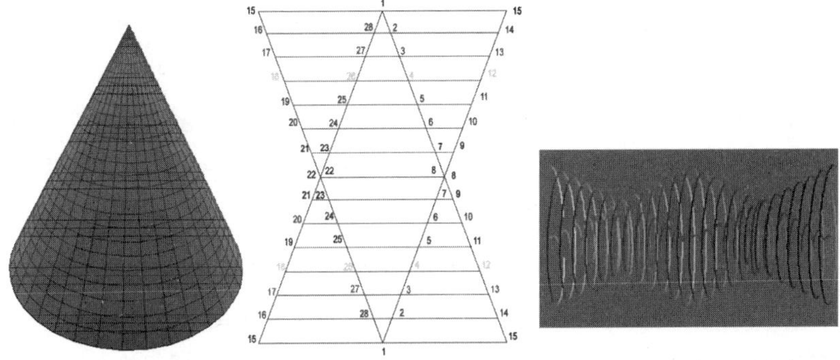

가이어의 개념은 예이츠의 시 「재림」("The Second Coming")에 잘 나타나 있다. 「재림」 에서 예이츠는 세상이 미쳐간다는 생각을 탐구하면서, 첫 3행에 가이어의 묵시론적인 실상을 그리고 있다:

넓혀지는 가이어에서 돌고 돌아, Turning and turning in the widening gyre
매는 매부리는 이의 말을 들을 수 없다. The falcon cannot hear the falconer
만물은 무너지고; 중심이 제구실을 할 수 없다. Things fall apart; the centre cannot hold.

시 「가이어」, 제1연에서 시 「재림」에서 등장한 가이어의 이미지를 자신의 무의식의 세계에서 불러일으킨 화자는 또 다시 예언자 역할을 하는 "늙은 바위 얼굴"을 부르며, 미래지향적인 시선을 요구한다. "늙은 바위 얼굴"은 낭만주의 시인인 셸리(P. B. Shelley)의 시에 등장하는 헬라 문명의 인간의 지식과 지혜의 대가인 동굴에 사는 유대인 예언자 아하수에루스(Ahasuerus)와 같은 존재이다. 이제 옛 모습은 흔적도 없이 지워져, 미인도 값진 모든 것도 시간의 흐름 속에서 잊혀 진다. 노도와 같은 광기의 물결이 세계를 지배하여, 그리스의 철학자 엠페도클레스(490～430 BC)가 통찰한 것처럼 물·불·공기·대지의 4원소로 구성되어 있는 만물은 사랑으로 혼합되고 투쟁으로 분리된다. 트로이 전쟁의 불씨가 된 헬렌을 훔쳐낸 트로이의 파리스 왕자의 형인 헥토르의 비극에도 불구하고 트로이에는 빛이 보여, "비극적 환희"를 독자에게 전해 준다. 예이츠의 독특한 논리인 가이어 이론은 서로 상반되는 이항대립이 사랑과 증오를 동시에 이중 가이어처럼 팽창과 수축을 동시에 한다. 예이츠는 『에세이와 서문』(*E & I*, 322)에서 삶이 가져다주는 것을 받아들이는 창조적 기쁨과 삶을 앗아가는 죽음에 대한 증오를 우리 내부에서 강하게 느끼면서, 숭고하고도 강력한 에너지를 지닌 채, 죽음과 망각에 대해서 달콤한 환희의 공포 속에서 우리는 크게 웃고 또 빈정거린다라고 비극적 환희를 정의내리고 있다.

제2연은 1922년 6월 28일부터 1923년 5월 24일까지 영국으로부터 독립한 아일랜드 자유국가(Irish Free State) 내부에서 발생한 아일랜드 내란이 그 시대적 배경이요 문맥이다. 이 내란은 아일랜드 민족주의자들 간의 갈등인데, 1922년 12월 자유국가를 설립하여 영국-아일랜드 조약(Anglo-Irish Treaty)을 지지한 임시정부와 그 조약이 아일랜드 공화국을 배반한다고 주장하는 공화국 야당(Republican opposition) 간의 전쟁이다. 결국 아일랜드 자유국가가 전쟁을 이겼으나, 이후 아일랜드는 1990년대까지 분단의 슬픔을 안게 되어 정치적 소용돌이의 현장이 되어 왔다. 그럼에도 불구하고 화자는 "무슨 상관인가?"라는 수사학적 질문으로 눈물도 한숨도 홀로 집어삼키고 냉소적이고 관조적으로 민족의 애환을 바라보라고, 독자 아니 자신에게 상기시키고 있다. 또한 고대 무덤에서 발굴한 과거의 영광의 산물인 문화유산을 보면서 역사적 애환과 향수에 젖어 왔지만, 이제는 화자는 모든 것을 접고, 단지 동굴 속에서 "기뻐하라!"는 무의식의 소리를 들을 자세를 강조하고 있다.

제3연에서는 세상은 점점 달라져 가, 인간의 조악한 현실로 인해 영혼까지도 추하게 변해 가는데, 이것마저도 초월할 자세가 되어 있다. 백마 타고 오는 초인을 기다리는 마음으로 바위 얼굴이 사랑하던 말과 여자를 사랑했던 화자는 이제 바위 얼굴과 동일시되어, 형안의 지혜의 눈으로 "부서진 무덤의 대리석으로부터 / 아니면 족제비와 부엉이 사이의 어둠으로부터 / 아니면 깊은 어떤 어둠의 공허로부터" 숭고한 미를 지닌 성실하고 진실한 "성자 같은 일꾼"인 순례자의 원형을 잊힌 기억 속에서 발굴해 내어, 새로운 이상적 유형의 "세월 타지 않는" 영원한 가이어를 그려보고 있다.

제1연의 가이어와 늙은 바위 얼굴, 그리고 비극적 환희, 제2연의 아일랜드 내란과 관조의 응시와 "기뻐하라"는 무의식의 소리에 대한 경청, 제3연의 초월된 영혼의 세월 타지 않는 가이어는 가이어의 점과 선, 면과 도형을 연결시키는 예이츠의 이중논리의 담론의 닻이 되어, 예이츠의 세계관을 재현하고 있다.

Lapis Lazuli

I have heard that hysterical women say
They are sick of the palette and fiddle-bow,
Of poets that are always gay,
For everybody knows or else should know
That if nothing drastic is done
Aeroplane and Zeppelin will come out,
Pitch like King Billy bomb-balls in
Until the town lie beaten flat.

All perform their tragic play,
There struts Hamlet, there is Lear,
That's Ophelia, that's Cordelia;
Yet they, should the last scene be there,
The great stage curtain about to drop,
If worthy their prominent part in the play,
Do not break up their lines to weep.
They know that Hamlet and Lear are gay;
Gaiety transfiguring all that dread.
All men have aimed at, found and lost;
Black out; Heaven blazing into the head:
Tragedy wrought to its uttermost.
Though Hamlet rambles and Lear rages,

청금석 부조(浮彫)

김철수

신경이 곤두선 여성들은 말하지.
정말 역겹다니까요, 팔레트도, 깽깽이도,
언제나 즐겁기만 한 시인들도 말이어요.
모종의 단호한 조치가 취해지지 않는다면
에어로플레인과 제펠린이 날아와서
빌리왕처럼 폭탄을 마구 퍼부어댈 테고,
그러면 도시 전체가 완전히 납작해질 것임을
누구나 이미 다 알고 있거나 아니면 마땅히 알아야 할 일 아닌가요?

모두가 자신들의 비극을 연출하지.
저기 햄릿이 우쭐대며 걸어가고, 저기에선 리어가,
저건 오필리아, 저건 코델리아.
하지만 마지막 장면에 이르러
거대한 막이 내릴 때가 되어도
그들은 극중 역할이 막중할 때면
대사를 중단한 채 흐느끼는 법이 없다.
희열이 온갖 두려움 변화시키기에
햄릿도 리어도 즐겁다는 걸 그들은 안다.
사람들은 누구나 목표를 설정하고, 찾아내고, 또 패배를 감수해 왔지.
칠흑과도 같은 어둠의 순간, 머릿속에서 섬광처럼 작렬하는 천국.
그때 비극은 절정에 이르지.
햄릿은 횡설수설, 리어는 발광하고,

And all the drop-scenes drop at once
Upon a hundred thousand stages,
It cannot grow by an inch or an ounce

On their own feet they came, or on shipboard,
Camel-back, horse-back, ass-back, mule-back,
Old civilizations put to the sword.
Then they and their wisdom went to rack:
No handiwork of Callimachus,
Who handled marble as if it were bronze,
Made draperies that seemed to rise
When sea-wind swept the corner, stands;
His long lamp-chimney shaped like the stem
Of a slender palm, stood but a day;
All things fall and are built again,
And those that build them again are gay.

Two Chinamen, behind them a third,
Are carved in lapis lazuli,
Over them flies a long-legged bird,
A symbol of longevity;
The third, doubtless a serving man,
Carries a musical instrument.

Every discoloration of the stone,

마지막 장면들이 십만의 무대 위로
한꺼번에 와르르 쏟아져 내린다 한들
비극은 한 치도 더해지거나 덜해지는 법이 없다.

그들은 발로 걸어서 왔지, 아니면 배를 타고,
낙타 등에, 말 등에, 나귀 등에, 노새 등에, 몸을 싣고서.
검 끝에 놓인 낡은 문명들.
그러다 그들도 그들의 지혜도 파탄이 났지.
대리석을 청동 주무르듯,
바닷바람 마을 어귀 스쳐지나갈 때
옷 주름 하늘거리듯,
그토록 빼어난 캘리마코스의 작품 어느 하나 남아 있지 않네.
날렵한 종려나무줄기 모양의 촛을등대도
오직 하루 동안만 서 있었지.
모든 것이 무너지고, 다시 지어지고,
다시 짓는 이들은 희열을 맛보지.

중국인 두 사람, 그 뒤에 또 한 사람,
청금석에 새겨져 있네.
머리 위로는 장수의 상징
장다리새 날아다니고,
시동(侍童)임이 분명한 세 번째 사람
깽깽이 들고 따라가네.

청금석에 묻은 이 모든 얼룩들,

Every accidental crack or dent,
Seems a water-course or an avalanche,
Or lofty slope where it still snows
Though doubtless plum or cherry-branch
Sweetens the little half-way house
Those Chinamen climb towards, and I
Delight to imagine them seated there;
There, on the mountain and the sky,
On all the tragic scene they stare.
One asks for mournful melodies;
Accomplished fingers begin to play.
Their eyes mid many wrinkles, their eyes,
Their ancient glittering eyes, are gay.

《해설》

예이츠의 후기시 중에서도 『최후의 시들』(*Last Poems*, 1938)에 수록된 「청금석 부조(浮彫)」("Lapis Lazuli", 1936)는 예이츠의 비극론이 흠뻑 베어든 시일 것이다. 이 시를 지을 당시 예이츠는 도로시 웰즐리(Dorothy Wellesley: 1889～1956)에게 "내 삶의 최대 목표는 비극의 한가운데서 희열을 맛볼 수 있게 하는 믿음과 이성의 행사에 있다."고 적어 보낸 바 있다.

다섯 개의 연으로 구성된 이 시의 첫 연에서 시인은 비극적 예술가들의 작품을 비난하는 관객들을 향해 그들의 수용 자세를 암암리에 비판

어쩌다 생긴 금이나 패인 자국들,
물줄기인가, 눈사태인가, 아니면
가파른 산비탈에 눈이 내리고 있음인가.
하지만 자두나무 혹은 벚나무 가지가
그들이 쉬어 갈 산중턱 조그만 정자를
향기로 물들이고 있을 것임이 분명하리니,
거기 앉아있는 그들 모습 머릿속에 그려보네.
저기 하늘과 맞닿은 산 위에서 그들은
온갖 비극의 장면들에 눈길을 보내네.
도사 한 분이 애조 띤 가락을 청하자
능숙한 손가락들이 금(琴)을 타기 시작하네.
그들의 눈과 주름투성이 얼굴, 그들의 눈,
도사들의 빛나는 눈이 희열에 잠기네.

한다. 현대의 예술관객들은 비극적 예술에 역설로 존재하기 마련인 희열을 온전히 인식하지 못한다는 것이다. 그들에게 화가와 음악가와 시인들은, 나치독일과 이탈리아가 각각 라인란트와 아비씨니아를 침공하고 스페인에서는 국제적 파장을 몰고 올 내전이 벌어지는 등 전 세계적으로 위기상황임에도, "언제나 즐겁기만 한(always gay) 비현실적인 예술가들로 비쳐진다. 하지만 시인이 비판하는 예술관객들이 "여성들"로 한정되고 또 그들에게 "신경이 곤두선"(hysterical)이란 수식어가 부과되는 데서 감지할 수 있듯이, 그들은 오래 전부터 예이츠에게 환멸을 안겨줬던 아일랜드 중산계급, 즉 "즉각적인 승리, 즉각적인 유용성”(immediate victory, immediate utility)만 고집하는 물질주의자들임이 암시된다. 그들은 싱(John Millington Synge)의 작품이 공연되는 것을 저지하기 위해 일주일 동안이나 소란을 피웠던 자들과 다름이 없는 관객들로 비극적 세계인식에서 비롯되는 환희의 예술을 제대로 이해하지 못하고 과민반응만 보일 뿐이다.

여기에서 시인이 문제 삼는 것은 현실에 대한 관심이 아니라 광기에 가까운 신경과민과 독선적 태도이다. 시인은 그 같은 관객들과 옥신각신 하는 대신에 곧바로 다음 연으로 이행하여 비극의 주인공들이 절정의 순간 체험하게 되는 비극적 황홀을 재현함으로써 “즉각적인 유용성”만 앞세우는 그들의 논리를 뛰어넘는다. 비극이란 결국 무엇인가? 비극은 악의로 가득 찬 세계에서 적대세력에 직면한 인간이 두려움에 분연히 맞서 두려움을 이겨내는 과정에서 생성된다. 그것은 패배를 인정하고 악의 세계에 순응할 때 나타나는 현상은 아닌 것이다. 이 같은 확신은 둘째 연에서는 철학적 사색의 파동을 일으키며 전개된다.

“칠흑과도 같은 어둠의 순간, 머릿속에서 섬광처럼 작열하는 천국./그때 비극은 절정에 이르지.” 여기에 담긴 내용은 예이츠의 텍스트 전반을 앞뒤로 오가며 반추하게 한다. 1910년에 예이츠는 싱의 마지막 작품『슬픔의 데어드레』(*Deirdre of the Sorrow*)에 대한 관객들의 몰이해를 계기로「비극의 무대」(“The Tragic Theatre”)란 제목의 글을 발표하는데, 이 글에서 그는 극중 인물과 배우와 관객 사이의 인습적인 구분을 지우는 극이야말로 진정한 비극이라고 하면서, 감정이 고조된 순간에 “비극의 주인공은 비극적 황홀이라는, 삶과 예술이 제공할 수 있는 최상의 상태로 나아간다”고 선언한다. 그는 또 “열정이 오랜 세월 수천 번의 정화과정을 거쳐 순식간에 황홀로 변화될 때 그것은 곧 지혜가 된다”고 말한다. 열정이 지혜로 변화되는 지고의 순간에 비극의 주인공이나 연기자뿐 아니라 관객도 “마치 육체를 떠난 영혼을 만지고 느끼고 보는 듯한 상태로 진입한다”는 것이다. 죽음을 목전에 둔 타이몬이 부하들에게 자기 무덤을 준비하라고 명령할 때, 햄릿이 호레이쇼를 향해 "축복에서 잠시 비켜서 있게나"(Absent thee from felicity awhile!: V. ii. 347) 하고 소리칠 때, 또는 안토니우스가 악티움 해전의 패배 소식을 전해 듣고 자결하기 직전에 "수천 번의 입맞춤 중에서 보잘것없는 마지막 입맞춤을 / 그대 입술에"(Of many thousand kisses the poor last / I lay upon thy lips.: Ⅳ. xv. 20-21) 하고 중얼거리며 클레오파트라와 작별의 입맞춤을 나눌 때, 거기에는 "온통 서정성으로 뭉쳐진 순수한 열정과 '진솔한 불길'만이 남아 비극적 황홀의 덩어리를 이룬다"는 것이다.

이런 생각은 1910년을 전후한 시기에 쓴 예이츠의 시와 산문에서 자주 발견된다. 이 글의 전반부에서 논자는 1909년에 쓴 일기 「불화」("Estrangement")의 일절과 죽음이 임박한 매블 비어슬리를 생각하며 쓴 연작시 중의 한 편 「그녀의 용기에 대해」("To her Courage")를 이 같은 맥락에서 검토하였다. 그 텍스트들에서도 비극적 황홀은 죽음의 절대력에 직면한 인간이 죽음을 극복하는 과정에서 자신의 인격이 죽음과 통합될 때 생성되는 것임을 확인할 수 있었다. 1937년에 자신의 입장을 정리하는 글에서도 그는 "죽어가는 사람에게 죽음은 분명히 희열일 것"이라는 레이디 그레고리의 말을 회상하는가 하면, 죽음을 목전에 둔 시점에 이르러서는 마지막으로 비극적 황홀을 이렇게 요약한다. "모든 예술은 희열의 신방(新房)들이다. 어떤 위대한 인물을 최후의 황홀로 인도하지 못한다면 어떤 비극도 정당화될 수 없다. 폴로니어스는 무대 뒤로 처참하게 사라지지만, '축복에서 잠시 비켜서 있게나' 하고 외치는 [호레이쇼를 향한 햄릿의] 대사에서나 오필리아의 시체를 앞에 두고 읊조리는 그의 비감어린 사설에서 나는 [디오니소스적] 춤과 함께 출렁이는 음악소리를 들을 수 있다."

그렇다면 이 시는, 아취볼드(Douglas Archibald)가 지적하듯이, 비평가로서의 예이츠가 산문에서 개진하곤 했던 믿음을 체현한다고 말할 수 있을 듯하다. 「1916년 부활절」("Easter 1916", 1916, 1920)에서 예이츠는 아일랜드 독립투사들의 행위를 비극적 예술의 차원으로 승화시킴으로써 비극을 연출했다면, 이 시에서는 역으로 비극의 무대라는 상상적 공간을 현실세계로 확장시킨다. 위에 인용한 시구는 "셰익스피어적 비극"의 세계에 관련된 것이면서도 동원된 은유들은 삶의 현장으로 확장되고 있기 때문이다. 싱과 오리어리, 피어즈와 오히긴즈도 죽음의 순간에 비극의 본질을 체득하고는 희열을 느끼며 삶의 무대에서 퇴장했다. 그것이 가능했던 것은 열정이 최고조에 이른 뒤에는 생각과 감정의 찌꺼기들이 더 이상 남아 있지 않기 때문이다. 이 시의 구절을 인용하자면, 그들이 죽음과 맞서 싸우다가 죽음을 품에 끌어안는 최후의 순간에 "비극은 한 치 반 푼도 더해진다거나 덜해질 수 없다." 햄릿이 "남은 것은 정적뿐"(The rest is silence: Ⅴ. ⅱ. 358)이란 비감어린 한 마디를 남기며 세상을 하직할 때, "인간은 목표를 설정하고, 찾아내고, 또 패배를 감수해 왔지. / 칠흑과도 같은 어둠의 순간"으로 그의 심리상태는 연결되고 있지 않는가? 컵에 남은 독주를 마시고 저 세상으로 동행하려는 호레이쇼를 향해 햄릿이 "축복에서 잠시 비켜서 있게나" 하는 외침과 그에 대한 호레이쇼의 응답—"이제 고귀한 심장이 부서지는군. 인자하신 왕자님, 안녕히. / 천사들이 비상하며 부르는 노래가 그대를 안식처로 인도하기를"(Good night, sweet prince,/ And flights of angels sing thee to thy rest!: Ⅴ. ⅱ. 359-360)—의 장면은 "[햄릿의] 머릿속으로 섬광처럼 작렬하며 돌진해 들어오는 천국"으로 이어진다. 현실에서든 상상적 공간에서든 무대를 뒤로하고 떠나가는 비극적 인간의 죽음 뒤에는 디오니소스적 광란의 음악이 여운을 남기고, 그래서 그 음악은 강렬한 인간의 풍요로운 삶을 긍정하도록 유인하는 것이다. 리어와 코델리아는 결국 죽음을 맞이하지만 죽음을 통해 두 영혼이 통합되는 최후의 순간에 조성되는 "온통 서정성으로 뭉쳐진 순수한 열정과 진솔한 영혼의 불길"은 막이 내린 뒤에도 한동안 여운을 남긴다.

이렇듯 강렬한 순간이 지나고 난 뒤에 비극은 불순한 어떤 것도, 아무런 생각도 감정의 찌꺼기도 남겨두지 않으며, 대신에 삶의 모순을 초극하는 방식을 보여줌으로써 구원의 길을 예비한다. 그때 관객들도 "육체를 떠난 영혼을 손으로 만지고 눈으로 직접 보는 듯한 환상에 젖어들면서" 잠시나마 축복의 상태로 진입하게 되는 것이다.

자신의 삶과 예술에서 비극적 황홀을 최대의 가치로 정립하려는 예이츠의 노력은 셰익스피어적 비극에서뿐만 아니라 동양적 지혜에서도 동력을 얻는다. 항시 통합을 염원하고 통합을 지향했던 예이츠였기에, 다음 연에 오면 인간의 내면에서 인간의 역사로 시인의 시야가 확장되고 있음을 알 수 있다. 서구문명의 발상지는 어디까지나 동양이다. 고대 동양인들은 걸어서, 또는 배를 타고, 아니면 낙타 · 말 · 노새 · 당나귀 등에 몸을 싣고 서진(西進)하여 서양을 정복하고 동양문명을 퍼뜨렸다. 여기에 열거된 교통수단들은 각기 새로운 세력이 구세력을 몰아내고 문명을 구축하는 역사과정을 암시하고 있다. 한때 켈리마코스는 페르시아의 예술양식을 받아들여 물결치듯 부드러운 이오니아양식을 발전시켰으나(Jeffares 1984, 365), 그가 만든 "날렵한 종려나무 줄기 모양의 솟을등대(燈臺)"는 흔적도 없이 사라져 버렸다. 그러나 비극의 주인공이 최후의 순간에 절망을 황홀로 변화시키듯, 소멸하는 문명도 그 내부에 새로운 문명을 잉태할 씨앗을 예비하기 마련이다. 그것을 깊이 인식하기에 문명의 소멸과 생성의 파노라마를 조감하는 시인의 시선에는 희열의 정조(情操)가 짙게 배어 나온다.

Imitated from the Japanese

A most astonishing thing—
Seventy years have I lived;

(Hurrah for the flowers of Spring,
For Spring is here again.)

Seventy years have I lived
No ragged beggar-man,
Seventy years have I lived,
Seventy years man and boy,
And never have I danced for joy.

《해설》

이 시는 1936년 12월경에 지어졌으며, 최종 버전은 1937년 10월로 추정된다. 1936년 12월에 예이츠는 웰즐리(Dorothy Wellesley)에게 보낸 편지에서 이 시의 시작 경위에 대하여 언급하면서, "나는 잠자는 것 이외에는 어떤 일도 할 수 없어서 침대에 쭉 누워 있었지요. 어제 처음 일어나서, 봄을 찬양하는 내용의 일본의 하이쿠 시문을 번역하는 가운데 이 시를 짓게 되었다"고 적어 보낸 바 있다(*Letters on Poetry from W. B. Yeats to Dorothy Wellesley* 116). 5-7-5 총 3행 17자로 구성되는 일본의 단가 형식을 모방한 이 시는 겟쿄(Emori Gekkyo, 1745~1824)의 하이쿠 가운데 "임이 떠나버린 그 봄날 이후 나의 그리움은 매년 같지가 않구

일본의 시가를 모방하여

조정명

실로 놀라운 일이지 —
내가 칠십 년을 살았다는 사실이

(봄 신명으로 꽃을 맞으니 반갑기만 하구나
봄 신명이 다시 찾아왔기에)

칠십 년을 살았도다
남루한 거지도 되지 않고,
칠십 년을 살았도다,
아이로 어른으로 칠십 년을 살았도다,
하지만 기쁨에 겨워 춤 춘 적이 없구나.

나"란 구절에 바탕을 두고 있다고 한다(*A New Commentary*, 365-366).

이 시의 화자는 다가오는 봄을 찬양하면서, "기뻐서 춤춘 일 없이" 칠십 평생을 살았다는 사실에 새삼 놀라워한다. 일본문화에 대한 애착의 한 측면을 잘 보여주는 이 시에서 예이츠는 간결한 시 형식을 수용하면서도 시행을 9행으로 늘이면서 새로운 가능성을 모색했던 것으로 보인다.

〈참고〉 하이쿠와 가부키는 일본 귀족문화의 한 형태인 노(能, Noh)극에 대한 저항, 도전, 반발에서 비롯되고 발전한 양식들로, 각기 서민의 애환을 반영한 시이며 종합예술이다. 하이쿠는 짧은 시어들로 구성되며, 가부키는 등장인물들의 동작이 민첩하고 빠르다. 이에 반하여 노극에서는 등장인물들의 동작이 느리고 그래서 장중한 느낌을 준다.

Sweet Dancer

The girl goes dancing there
On the leaf-sown, new-mown, smooth
Grass plot of the garden;
Escaped from bitter youth,
Escaped out of her crowd,
Or out of her black cloud.
Ah, dancer, ah, sweet dancer!

If strange men come from the house
To lead her away, do not say
That she is happy being crazy;
Lead them gently astray;
Let her finish her dance,
Let her finish her dance.
Ah, dancer, ah, sweet dancer!

《해설》

이 작품은 예이츠가 노년에 애정을 교감한 마곳 러닥(Margot Ruddock)이라는 정신이 불안정한 시인이며 무용수와의 관계에서 연유한 시이다. 그녀의 심미적인 시와 무용에 대한 전념과 열정은 정신이상일 정도로 황홀경을 자아냈고, 그녀는 이런 무아지경에서 혼란하고 변화무쌍한 감정을 정제시킴으로써 시간과 영혼의 자유를 표출한다.

아름다운 무용수

이한묵

그 소녀는 정원의 부드러운
새싹과 새로 깍은 잔디위에서
춤을 추고 있네.
사무친 젊음에서 자유롭고,
그녀의 동료들에서 자유로운,
아니면 그녀의 검은 구름에서 자유롭게.
아, 무용수여, 아, 아름다운 무용수여!

만일 생소한 사람들이 그 집에서 나와
그녀를 데리고 간다면,
그녀는 행복하게 실성한 사람이라고 말하지 마시오.
그들로 부드럽게 미혹 시키게 하시오.
그녀가 무용을 마치게 하시오,
그녀가 무용을 마치게 하시오.
아, 무용수여, 아, 아름다운 무용수여!

그녀의 무용을 통해 예이츠는 양극간의 감정변화가 극심한 젊은이들의 고통이나, 예이츠가 청년시절에 모드 곤으로부터 받은 실연의 회한, 혹은 노쇠해 가는 육신의 고통 등에서 자유를 얻는다. 예이츠는 그녀의 아름다운 무용에서 무용수의 내재된 욕망과 표출된 정념(情念), 신성과 인성, 무한과 유한, 그리고 상상과 실재의 유기적 화합을 이시를 통해 표현하고 있다.

The Three Bushes

(An incident from the 'Historia mei Temporis' of the
Abbe Michel de Bourdeille)

Said lady once to lover,
'None can rely upon
A love that lacks its proper food;
And if your love were gone
How could you sing those songs of love?
I should be blamed, young man.'
O my dear, O my dear.

'Have no lit candles in your room,'
That lovely lady said,
'That I at midnight by the clock
May creep into your bed,
For if I saw myself creep in
I think I should drop dead.'
O my dear, O my dear.

'I love a man in secret,
Dear chambermaid,' said she.
'I know that I must drop down dead
If he stop loving me,

세 숲

(미셸 드 부르델러 신부의 「현대사」에 게재된 삽화)

이영철

한번은 숙녀가 연인에게 말했다.
'적절한 자양분을 갖추지 못한 여인에게
아무도 매달리지 않을 거예요.
그리고 당신의 여인이 가버린다면
당신이 어떻게 그런 사랑의 노래들을 부를 수 있겠어요?
제 탓 이예요, 젊은이.'
　　　　　오 나의 사랑, 오 나의 사랑.

'당신의 침실에 촛불을 켜지 마세요,'
그 사랑스런 여인이 말했다,
'시계가 한 밤중을 알릴 때
제가 당신의 침대 속으로 은밀히 스며들도록,
제가 당신의 침대로 스며드는 저 자신을 본다면
당장 죽어버려야 한다고 생각할 테니까요.'
　　　　　오 나의 사랑, 오 나의 사랑.

'나는 한 남자를 은밀히 사랑하고 있단다,
시녀여,' 그녀가 말했다.
'만약 그가 나를 버린다면
나는 죽어버려야 한다는 걸 알고 있고,

Yet what could I but drop down dead
If I lost my chastity?'
O my dear, O my dear.

'So you must lie beside him
And let him think me there.
And maybe we are all the same
Where no candles are,
And maybe we are all the same
That strip the body bare.'
O my dear, O my dear.

But no dogs barked, and midnights chimed,
And through the chime she'd say,
'That was a lucky thought of mine,
My lover looked so gay;
But heaved a sigh if the chambermaid
Looked half asleep all day.'
O my dear, O my dear.

'No, not another song,' said he,
'Because my lady came
A year ago for the first time
At midnight to my room,
And I must lie between the sheets

그렇지 않더라도 내가 순결을 잃는다면
당장 죽는 수밖에 내가 뭘 할 수 있겠어?'
　　　　　　오 나의 사랑, 오 나의 사랑.

'그래서 네가 그 분 곁에 있어야 해
그리고 그분이 내가 거기에 있다고 생각하게 해야 해.
그럼 촛불이 없는 곳에서
우린 아마도 똑같은 모습일 거야,
그럼 벌거벗은 우리는 아마도
똑 같은 모습일 거야.'
　　　　　　오 나의 사랑, 오 나의 사랑.

그러나 개도 짖지 않고, 심야의 종소리가 울렸다,
그리고 종소리 내내 그녀가 말하곤 했다,
'내가 그런 생각을 한건 정말 행운이었어,
나의 연인은 무척 즐거운 모습일 거야'라고,
그러나 시녀가 하루 종일 졸린 모습이었다면
한 숨을 쉬었으리라.
　　　　　　오 나의 사랑, 오 나의 사랑.

'아니, 더 이상 노래하지 마세요.' 그는 말했다.
'나의 여인이 일 년 전
한 밤중에 처음
나의 침실을 찾았기에,
그리고 시계가 시간을 알리기 시작할 때

When the clock begins to chime.'
O my dear, O my dear.

'a laughing, crying, sacred song,
A leching song,' they said.
Did ever men heat such a song?
No, but that day they did.
Did ever man ride such a race?
No, not until he rode.
O my dear, O my dear.

But when his horse had put it hoof
Into a rabbit-hole
He dropped upon his head and died.
His lady saw it all
And dropped and died thereon, for she
loved him with her soul.
O my dear, O my dear.

The chambermaid lived long, and took
Their graves into her charge,
And there two bushes planted
That when they had grown large
Seemed sprung from but a single root
So did their roses merge.

나는 지금 이불 속에서 기다려야 하기에.'
　　　　　오 나의 사랑, 오 나의 사랑.

'웃기고, 울게 하고, 성스러운 노래
음란한 노래,'라고 사람들이 말했다.
어떤 남자들이 그런 노래를 들은 적이 있을 까?
아무도, 그러나 그날 그들은 들었다.
어떤 남자가 그런 경마를 해 보았을까?
아무도, 그가 처음이었다.
　　　　　오 나의 사랑, 오 나의 사랑.

그러나 그의 말이 토끼굴 속에
발을 헛디뎠을 때
그는 거꾸로 떨어져 죽었다.
그의 여인은 그 모든 것을 보았고
그 위에 몸을 던져 죽음을 택했다, 그녀는 그를
영혼으로 사랑했기에.
　　　　　오 나의 사랑, 오 나의 사랑.

시녀는 오랫동안 살아남아
그들의 무덤들을 돌보았다,
그리고 거기에 두 개의 숲이 생겨
숲들이 울창해졌을 때
단하나의 뿌리로부터 솟아난 듯해 보였고
그렇게 되어 숲의 장미들을 하나가 되어 보이게 했다.

O my dear, O my dear.

When she was old and dying,
The priest came where she was;
She made a full confession.
Long looked he in her face,
And O he was a good man
And understood her case.
O my dear, O my dear.

He bade them take and bury her
Beside her lady's man,
And set a rose-tree on her grave,
And now none living can,
When they plucked a rose there,
Know where its roots began.
O my dear, O my dear.

오 나의 사랑, 오 나의 사랑.

그녀가 늙어 죽어갈 때,
그녀가 있던 곳에 사제가 왔다.
그녀는 솔직히 고백했다.
한참동안 바라보았다 그가 그녀의 얼굴을,
그리고 오 그는 좋은 사람이었고
그녀의 사정을 이해했다.
오 나의 사랑, 오 나의 사랑.

그는 사람들에게 그녀를 데려다
숙녀의 남자 옆에 묻게 하고,
그녀의 무덤에 장미나무 한그루를 심게 했다,
그리고 지금 살아있는 사람은 아무도,
거기에서 장미꽃을 꺾을 때,
그 뿌리가 시작한 곳을 알지 못한다.
오 나의 사랑, 오 나의 사랑.

《해설》

1937년 『런던 머큐리』(*London Mercury*)에 처음 발표된 이 시는 전통적인 인물과 예술품의 고귀한 예술성을 강조하며 철학적 분위기가 짙은 시를 썼던 종전의 입장과 달리 평범한 사람들의 소박성을 발굴하고 그들과 호흡할 수 있는 대중적 시(folk poetry)를 쓰려한 예이츠의 변화된 시적 신념을 읽을 수 있는 시이다. 예이츠가 이 시를 통해 그의 이 같은 시적 신념을 용해시켜 낼 수 있도록 깊은 영감을 준 사람은 도로시 웰즐리이다. 웰즐리는 예이츠의 친구이자 발라드풍의 시를 쓴 영국의 마이너 시인으로, 예이츠는 그의 변화된 예술적 신념과 부합할 수 있는 그녀의 발라드에 깊은 관심을 보였고, 이 시를 완성할 때까지 여러 차례의 서신을 통해 서로의 시를 비교하며, 그녀와 발라드에 대하여 예술적 공감대를 넓힌 것으로 잘 알려져 있다.

예이츠의 이 같은 예술적 신념은 보다 포괄적으로 아일랜드의 민속적인 무반주 노래로부터 대중적 소박성을 발굴하고, 이에 부합하는 시를 쓰고자한 그의 의지를 반영한 것이다. 즉 예이츠는 이 시를 쓸 무렵 에드먼드 둘락(Edmund Dulac)에게 대중적인 소박성으로 되돌아가서 아일랜드의 무반주 노래와 어울릴 수 있는 시를 쓰고 싶다고 밝힌 적이 있다. 따라서 그의 이 같은 소망은 웰즐리의 발라드에 대한 관심과 함께 이 시의 대중적 정서와 형식을 풍요롭게 했다고 말할 수 있다. 예컨대, 이 시에 나타난 사랑의 플롯은 전통적 서정시의 특징을 말해주는 것이고, 순간적인 대화의 교환(dialogue)은 웰즐리의 선물인 『옥스퍼드의 발라드 모음집』(*The Oxford Book of Ballad*)로부터, 그리고 후렴구는 게일 발라드(Gaelic ballad)로부터 차용한 것이라는 점에서 발라드의 특징을 말해주는 대표적인 예들이다.

이 시는 앞서 밝힌 특징들과 함께 사랑을 우화적으로 묘사한 시이다. 이 시에서 숙녀는 한 남자의 사랑을 갈구하며 그를 영혼으로 사랑하지만, 남성이 요구하는 육체적 사랑을 받아들일 수 없어 딜레마에 빠져있는 여인이다. 따라서 남자의 사랑을 포기할 수 없는 그녀가 남자의 사랑을 구하기 위해 선택한 방법은 하녀를 남자의 침실로 들여보내 그녀가 할 수 없는 육체적 사랑을 대신하게 하는 것이다. 이때 숙녀의 속임수는 남자에게 한밤중 은밀히 찾아가겠다는 언질을 준 뒤 대신 하녀를 보내고, 그녀와 하녀를 구분할 수 없도록 남자에게 침실의 초불을 끄도록 요구하는 치밀함을 보이지만, 이 정도의 속임수에 넘어갈 수 없다고 생각하는 독자들에게는 우화적인 웃음을 유발하는 시적 장치가 아닐 수 없다.

한편, 예이츠의 다른 시들 「나는 너의 주」(“Ego Dominus Tuus”), 「자아와 영혼의 대화」(“A Dialogue of Self and Soul”), 그리고 「동요」(“Vacillation”)에서처럼, 이 시에서 영혼과 육체는 숙녀와 남자, 그리고 숙녀와 하녀를 상징하는 시어들로, 대조적 의미를 통해 주체와 대상의 상대적 결여를 비추어주지만, 주체와 대상이 서로의 부족을 메워가는 과정을 통해 이율배반적인 통합의 극적 효과를 연출해내는 시어들이다. 즉 이 시에서 영혼을 상징하는 숙녀가 육체를 용납할 수 없는 그녀의 자아에 대하여 죄의식을 느끼며, 하녀를 그녀의 부족한 자아를 대신해줄 자아로 위장하여 육체를 요구하는 남자의 사랑을 구한 것은 모든 사물의 상대적 요소 또는 특징들을 면밀히 탐구하여 이율배반적인 통합의 극적 효과를 연출하려한 예이츠의 시적 정서를 반영한 것이다. 그러나 이 같은 사실에도 불구하고, 이 시의 결말부에서 예이츠가 숙녀, 남자 그리고 하녀의 죽음을 통해 그들의 상대적 자아를 하나의 뿌리에서 생겨난 것 같은 세 숲과 장미의 이미지를 통해 통합하려한 것은 이 시에서 그가 추구하고자 한 궁극적 통합이 세 사람의 생전에 이루어졌던 ‘대립 속의 조화’, ‘불완전 속의 완전’을 의미하는 통합이 아니라 현실의 시공간과 이율배반적 조건을 넘어선 ‘절대적 경지의 통합’임을 말해 준다.

The Lady's First Song

I TURN round
Like a dumb beast in a show,
Neither know what I am
Nor where I go,
My language beaten
Into one name;

I am in love
And that is my shame.
What hurts the soul
My soul adores,
No better than a beast
Upon all fours.

숙녀의 첫째 노래

최희섭

나는 박람회장의
말없는 짐승처럼 빙 돈다,
내가 무엇인지
어디로 가는지도 모르고,
내 언어는 두드려져
한 이름이 된다.

나는 사랑에 빠져 있고
그것이 부끄럽다.
내 영혼을 해치는 자를
내 영혼이 숭배하니
네 발로 기는 짐승보다
나을 바 없다.

《해설》

이 작품은 1936년 11월 20일에 창작되었다. 예이츠는 이 작품이 썩 잘된 것은 아니지만, 「세 숲」("The Three Bushes")에 나타난 극적 사건을 고상하게 한다고 말한 바 있다. 여기에서 숙녀는 자신이 육체적 존재임을 선언한다. 이 작품은 영혼과 육체의 이원론적 관점에서 쓴 것으로 영혼의 삶을 갈망하지만, 현실은 육체의 삶을 살고 있는 자신의 처지를 한탄하는 내용으로 되어 있다. 영혼과 육체의 이원론적인 관점에서 자신의 영혼이 육체를 숭배하고 있으므로 자신이 육체적인 존재이고, 그런 점에서 인간 이하의 동물과 다름없다고 선언한다.

첫 연에서 화자인 숙녀는 자신이 마치 박람회장에 전시되어 사람들의 구경꺼리로 전락한 짐승인 것 같다고 공언한다. 자신이 영혼을 지닌 인간임에도 불구하고 자신의 영혼이 추구하는 바를 인식하지 못하고 있으므로 마치 아무런 방향도 목적도 없이 육체적 삶을 영위하는 짐승인 것 같다는 인식을 보여준다. 방향성과 목적성을 상실한 채, 자신의 삶의 의의를 상실하고, 특정한 유형으로 고정되는 존재에 대한 두려움을 보여준다.

둘째 연에서 화자는 육체는 영혼을 위한 집이라는 생각을 지니고 있지만, 자신이 육체적 사랑에 빠져 있으므로 육체가 영혼을 해치고 있다고 생각한다. 육체적 사랑을 추구하며 영혼을 사랑하지 않기 때문에, 영혼의 삶을 영위하지 않는 현재의 자신이 네 발 달린 짐승과 다를 바 없음을 이야기한다.

AE(조지 러셀)이 그린 이졸트 곤

(출처: Micheál Mac Liammóir and Eavan Boland. *W. B. Yeats*. Thames and Hudson. 1998. p. 90)

The Lady's Second Song

WHAT sort of man is coming
To lie between your feet?
What matter, we are but women.
Wash; make your body sweet;
I have cupboards of dried fragrance,
I can strew the sheet.
  The Lord have mercy upon us.

He shall love my soul as though
Body were not at all ,
He shall love your body
Untroubled by the soul,
Love cram love's two divisions
Yet keep his substance whole.
  The Lord have mercy upon us.

Soul must learn a love that is
Proper to my breast,
Limbs a love in common
With every noble beast.
If soul may look and body touch,
Which is the more blest?

숙녀의 둘째 노래

최희섭

어떤 부류의 남자가 와서
네 다리 사이에 눕는가?
무엇이 문제인가, 우리는 여인일 뿐이니.
씻어라, 육체를 감미롭게 하라,
나는 메마른 향기 나는 옷장을 갖고 있으니
수의를 펼칠 수 있다.
　주여, 우리에게 자비를 베푸소서.

그는 육체가 전혀 없는 듯이
내 영혼을 사랑하리라
그는 영혼의 괴롭힘을 받지 않고
네 육체를 사랑하리라,
사랑의 두 부분은 사랑을 먹어치우나
그의 본질을 전체로 유지하나니
　주여, 우리에게 자비를 베푸소서.

영혼은 사랑을 배워야 하리
내 가슴에, 사지에 적합한,
모든 고귀한 가슴에
다 들어있는 사랑을.
영혼이 볼 수 있고 육체가 만질 수 있으면
이보다 더한 축복이 무엇이리오?

The Lord have mercy upon us.

《해설》

1936년 7월에 창작된 이 작품은 "주여, 우리에게 자비를 베푸소서"라는 발라드 형식의 6행연에 후렴구가 붙어 있다. 각행은 약강 3보격을 주조로 하고 있으며, 짝수행만 각운을 맞추고 있다. 후렴구로 쓰인 "주여, 우리에게 자비를 베푸소서"라는 구절은 마지막 고백이며 숙녀가 설명하는 이설(이교)에 대한 대위법적인 몸짓을 보여준다.

첫째 연은 육체적 삶을 이야기한다. 남자가 다리 사이에 눕는다는 말은 성적인 행위를 나타내며, 자신이 여인이기 때문에 육체적 쾌락을 향유할 수 있다고 한다. 그렇지만, 성적인 행위는 향기롭기는 하지만 영혼에 도움이 되지 않기 때문에 메마른 것이고 결국은 죽음으로 이어진다. 여기에 나오는 수의는 죽음의 상징으로 여성의 몸을 남자가 탐하지만, 결국은 그 몸이 죽음으로 인도한다.

둘째 연은 영혼의 사랑과 육체의 사랑을 분리하여 사랑을 보여주고 있다. 첫 연에서 나온 남자는 육체를 지니지 않은 듯이 영혼을 사랑할 수 있다. 그렇지만 동시에 영혼과 관계없이 육체를 사랑할 수도 있다. 영혼의 사랑과 육체의 사랑은 이율배반적으로 서로를 용납할 수 없지만, 어느 하나로 완성될 수 없다. 영혼의 사랑과 육체의 사랑이 공존할 때 비로로 전체적인 사랑이 완성될 수 있다. 사랑은 영혼과 육체 모두를 포용할 수 있으며, 영혼의 사랑과 육체의 사랑이 함께 할 때 완전한 사랑이 이루어진다.

주여, 우리에게 자비를 베푸소서.

셋째 연은 영혼의 사랑과 육체의 사랑이 하나가 될 때 완전한 사랑이고 축복임을 이야기한다. 메마른 영혼을 지닌 화자는 육체의 사랑만 할 뿐 영혼의 사랑을 모르고 있었다. 이제 화자는 자신의 영혼이 사랑을 배워야 한다고 선언한다. 그 사랑은 자신의 가슴에, 그리고 육체에 깃들어 있는 사랑이며, 모든 고귀한 마음을 지닌 사람들이 지니고 있는 사랑이다. 개인적인 사랑에서 보편적인 사랑으로 확장되는 그러한 사랑이다. 화자는 영혼과 육체가 결합된 그러한 사랑이 이 세상에서 가장 고귀한 축복이라는 말로 작품을 끝맺는다.

세상 사람들은 육체만을 사랑하며 영혼의 사랑을 등한히 한다. 화자는 이러한 육체적 사랑은 불충분한 것이며, 육체적 사랑은 영혼의 사랑을 더욱 메마르게 한다고 생각하고 있다. 육체와 영혼을 분리하여 이원론적으로 생각하면서 영혼과 육체의 사랑이 하나로 합쳐질 때 진정한 사랑의 가치가 있고, 그것이 가장 큰 축복임을 인식한다.

The Lady's Third Song

When you and my true lover meet
And he plays tunes between your feet,
Speak no evil of the soul,
Nor think that body is the whole,
For I that am his daylight lady
Know worse evil of the body;
But in honour split his love
Till either neither have enough,
That I may hear if we should kiss
A contrapuntal serpent hiss,
You, should hand explore a thigh,
All the labouring heavens sigh.

《해설》

이 작품은 1936년 7월에 창작되었다. 약강 4보격 이행연구로 된 이 작품은 행의 길이가 짧기 때문에 속도감이 있으며, 내용도 매우 빠르게 전개된다. 대위법적인 뱀은 사탄에 의한 인간의 타락을 상징한다. 창세기 제3장 제 1절에서부터 6절을 보면 사탄이 뱀의 형상을 취하여 이브를 유혹한다. 여기에는 성이 개입되어 있는 것으로 추측할 수 있으며, 영혼과 육체의 갈등에 반대하기 때문에 대위법적이라고 한다.

숙녀의 셋째 노래

최희섭

당신과 내 진실한 연인이 만나서
당신 다리 사이에서 그가 가락을 울릴 때
영혼의 죄악을 말하지 마시게,
육체가 전부라고도 생각하지 말고,
왜냐면 낮에 그의 숙녀인 나는
육체의 보다 더한 죄악을 아니 말일세.
그러나 명예롭게 그의 사랑을 나누시게
둘 다 아무도 충분히 갖지 못할 때까지,
만일 우리가 키스한다면
대위법적인 뱀이 내는 쉿소리를 내가 들을 수 있게,
손이 허벅지를 더듬는다면, 당신은
산고를 겪는 천국을 모두 한숨으로 날리시게.

화자는 당신에게 자신의 진실한 영혼과 육체적 사랑을 나눌 때 영혼의 죄악에 대하여 생각하지 말라고 권고한다. 이 작품도 역시 영혼과 육체를 이원론적으로 보고 있으며, 영혼의 사랑과 육체의 사랑을 분리하여 생각하고 있다. 육체적인 사랑보다 더욱 큰 죄악을 알고 있으므로 육체적 사랑을 나누면서 죄의식을 느끼지 말라고 권고하며, 육체적 사랑은 결코 최상의 만족을 주지 못한다고 단언한다. "대위법적인 뱀"은 앞에서 이야기했듯이 사탄이 뱀의 형상을 취하여 이브를 육체적 쾌락의 세계로 이끈 것을 암시한다. 그렇기 때문에 키스나 애무 같은 육체적 사랑의 행위는 영혼의 타락을 가져온다고 말한다.

The Lover's Song

Bird sighs for the air,
Thought for I know not where,
For the womb the seed sighs.
Now sinks the same rest
On mind, on nest,
On straining thighs.

《해설》

이 시 역시 색욕에 찬 예이츠 자신에 대한 스케치인 동시에 자신의 욕망은 새가 둥지를 찾는 것처럼 자연스럽다는 변명이다.

인간과 만물은 알 수 없는 미지의 세계를 추구하는데 그곳은 탄생의 신비를 간직하고 있으며 휴식과 관련되어 있음을 화자는 말하고 있다. 이 시에서 독자는 안식처를 구하는 노년의 예이츠의 목소리를 들을 수 있다.

그런데 이 시는 1936년 11월 9일에 쓰여졌으며 『새 시들』(*New Poems*)에 처음 등장했다.

애인의 노래

홍성숙

새는 대기를 그리워 한숨짓고,
나 알지 못하는 곳을 생각하네.
정자는 자궁 그리워 한숨짓고.
이제 똑같은 휴식에 빠지네.
마음에, 둥우리에,
긴장해지는 허벅다리에.

도로시 웰즐리에게 1936년 11월 9일에 쓴 예이츠의 편지엔 다음처럼 적혀 있다.

> 내가 당신에게 편지를 쓴 후 '커튼 뒤로부터 온 손길'이라는 것이 무슨 의미인지를 설명하려는 더 좋은 말을 찾아보려 했다.(그 시는 그때 인용된 것입니다.) 그것은 흙이 아니고 공기가 아닌 매트릭스입니다. 프래고 나르드의 "컵 같은 삶"(Cup of Life)에서 그 젊은이는 갓 청춘은 아닙니다. 그의 얼굴은 생각으로 주름져 있고 그 그림은 너무 신비하게 이중의 갈증을 줍니다. (*DWL* 102)

The Chambermaid's First Song

How came this ranger
Now sunk in rest,
Stranger with stranger,
On my cold breast?
What's left to sigh for?
Strange night has come;
God's love has hidden him
Out of all harm,
Pleasure has made him
Weak as a worm.

《해설》

이 시는 1936년 11월에 쓰였고 『새 시들』(*New Poems*, 1938)에 처음 실렸다. 이 시의 화자는 시중을 들어주는 시녀이며 이 시녀가 자신이 모시는 존재에 대해, 혹은 어머니의 입장에서 모든 아이들을 위한 기도를 올린다. 하느님의 사랑만이 모든 것에 대한 해결이라고. 그러나 전체적인 의미로 보면 이 시녀는 사실 창녀일 뿐이다. 인생의 모든

시녀의 첫째 노래

김주성

어떻게 이 방랑자가,
낯선 사람끼리,
내 차가운 가슴 위에
이제 휴식으로 고꾸라지게 되었나요?
한숨 쉴 무엇인가가 남아 있나요?
이상한 밤이 왔어요.
하느님의 사랑은 그를
모든 해악으로부터 숨겨주었고,
즐거움은 그를
구더기처럼 약하게 만듭니다.

것을 경험한 늙은 창녀는 전혀 사랑의 감정이 들어있지 않은 차가운 그녀의 가슴위에 쓰러져 휴식을 취하는 낯선 방랑자를 안고 있다. 이 방랑자를 내려다보며 그녀는 자신의 지난 시간을 다시 회상하며 방랑자에게, 또 자기 자신에게 말하고 있다. 이 세상에 더 이상 아쉬운 것이 남아 있느냐고. 비록 그녀가 방랑자를 안고 하나님의 사랑을 말한다고 하여도 그 목소리는 약하고 공허할 뿐이다.

The Chambermaid's Second Song

From pleasure of the bed,
Dull as a worm,
His rod and its butting head
Limp as a worm,
His spirit that has fled
Blind as a worm.

《해설》

이 시는 「시녀의 첫 번째 노래」와 마찬가지로 1936년 11월에 쓰였고 『새 시들』(*New Poems*, 1938)에 처음 실렸다. 앞 시에서의 화자처럼 이 시의 화자도 창녀이며 성행위가 끝나고 나서 비참하고 무기력한 남자의 육체에 대해 노래한다. 마치 인생의 모든 것을 걸듯이 성행위의 즐거움을 추구하지만 그것이 끝나면 "우둔하고", "축 처지고", "눈멀어 버리는" 우리들의 육체는 결국 죽어 구더기의 밥이 된다. 이처럼 죽음과 성을 병치하여 삶의 무기력함과 함께 애정 없는 창녀와의 성을 노골적으로 그리고 있다. 이제 노년에 접어든 예이츠의 대담함이 엿보이는 작품이다.

시녀의 둘째 노래

김주성

침대의 즐거움으로부터
구더기처럼 우둔하고,
그의 자루와 들이대는 대가리는
구더기처럼 축 처지고
그의 영혼은 날아가 버려
구더기처럼 눈멀어버린다.

『마음의 욕망의 땅』(*The Land of Heart's Desire*)의 초연에 등장한 위니프레드 프래저(Winifred Fraser)와 도로시 패젯(Dorothy Paget)
(출처: Micheál Mac Liammóir and Eavan Boland. *W. B. Yeats*. Thames and Hudson. 1998. p. 56)

An Acre of Grass

Picture and book remain,
An acre of green grass
For air and exercise,
Now strength of body goes;
Midnight, an old house
Where nothing stirs but a mouse.

My temptation is quiet.
Here at life's end
Neither loose imagination,
Nor the mill of the mind
Consuming its rag and bone,
Can make the truth known.

Grant me an old man's frenzy,
Myself must I remake
Till I am Timon and Lear
Or that William Blake
Who beat upon the wall
Till Truth obeyed his call;

A mind Michael Angelo knew

1 에이커의 풀밭

한일동

남겨진 것은 그림과 책,
그리고 바람 쐬고 운동할
1 에이커의 푸른 풀밭뿐.
이제 육체의 힘이 사라진다.
한밤중, 생쥐 한 마리 말고는
아무것도 뒤척이지 않는 낡은 집.

나의 유혹은 잠잠하다.
여기 삶의 끝자락에서
멋대로 움직이는 상상력으로도
누더기와 뼈를 소진하는
마음의 방아를 찧어대도
진리를 깨달을 수가 없다.

나에게 노인의 열광을 허락해다오.
나는 내 자신을 개조해야겠다.
타이몬이나 리어왕이 될 때까지,
아니면 진리가 그의 부름에 응할 때까지
벽을 두들겨대던
저 윌리엄 블레이크가 될 때까지.

허락해다오, 미켈란젤로가 알고 있었던

That can pierce the clouds,
Or inspired by frenzy
Shake the dead in their shrouds;
Forgotten else by mankind,
An old man's eagle mind.

《해설》

이 시는 예이츠가 73세 되던 해인 1938년에 쓴 것으로, 예이츠는 이 시를 쓰기 4년 전에 그 동안 살아오던 발릴리 탑(Thoor Ballylee)의 생활을 청산하고 더블린 근교로 이사했다. 이 시에서는 '그림과 책'이 있는 노년생활의 안정에도 불구하고, 육체적 노쇠에서 오는 시인의 불안과 초조를 읽을 수 있다.

「1 에이커의 풀밭」("An Acre of Grass")은 예이츠의 『최후의 시들』(*Last Poems*)에 실린 대부분의 시들이 그러하듯, 시인이 인생의 말엽에 자신의 일생을 되돌아보며 삶과 죽음에 대해서 명상하는 시이다.

이 시의 제 1, 2연에서 예이츠는 이제는 늙어버린 자신의 육신과 늙은이로서 느끼는 처절한 고독감을 표현했다. 또한 노쇠한 육신과 정신, 그리고 상상으로는 더 이상 진리를 알아낼 수 없다고 고백한다.

그리고 구름을 꿰뚫을 수 있는 예지를.
아니면 열광에 고취되어
수의(壽衣)에 감싸인 주검도 뒤흔들 수 있는 예지를.
인류에 의해 그 밖의 것은 잊혀진
노인의 독수리 같은 예지를.

제 1, 2연에서 이어지던 쓸쓸한 분위기는 제3연에 이르러 반전을 이룬다. 제 1, 2연의 주제가 육체의 노쇠와 처절한 고독이었다면, 제3연에서는 비록 육신은 늙었지만 가슴속에는 아직도 식지 않은 '노인의 열광'과 '노인의 예지'가 남아 있음을 밝히면서, 이는 노인이 노쇠를 극복하고 자기 자신을 '개조'(remake)할 수 있는 원천이라고 주장한다. 따라서 시인은 셰익스피어의 비극적 환희(tragic gaiety)의 주인공인 타이몬이나 리어왕, 집요한 노력으로 마침내 진리의 응답을 얻어낸 윌리엄 블레이크, 숨은 진리를 헤아릴 수 있는 탁월한 예지를 지녔던 미켈란젤로와 같은 사람으로 거듭나기를 열망한다. 이는 노인의 예지와 젊은이의 활력을 겸비하여 그 어떤 비극도 감내하면서 끝내 진리를 구현하고야 말겠다는 노시인의 강력한 의지의 표명으로 볼 수 있다.

What then?

His chosen comrades thought at school
He must grow a famous man;
He thought the same and lived by rule,
All his twenties crammed with toil;
'What then?' sang Plato's ghost, 'What then?'

Everything he wrote was read,
After certain years he won
Sufficient money for his need,
Friends that have been friends indeed;
'What then?' sang Plato's ghost, 'What then?'

All his happier dreams came true—
A small old house, wife, daughter, son,
Grounds where plum and cabbage grew,
Poets and Wits about him drew;
'What then?' sang Plato's ghost, 'What then?'

'The work is done,' grown old he thought,
'According to my boyish plan;
Let the fools rage, I swerved in naught,
Something to perfection brought';

그러고 나서는?

박미정

절친한 학교 친구들은 생각했다
그가 유명인사가 되리라고.
그도 그렇게 생각해서 규율에 맞추어 살았고
그의 이십대를 온갖 노고로 채웠다.
'그러고 나서는?' 플라톤의 유령이 노래했다. '그러고 나서는?'

그가 쓴 모든 것이 읽혀졌고
여러 해가 지나자 그는
필요한 만큼 돈을 벌었고
진정한 벗들을 얻었다.
'그러고 나서는?' 플라톤의 유령이 노래했다 '그러고 나서는?'

보다 운 좋은 꿈들이 이루어졌다.
작고 오래된 집 한 채, 아내와 딸과 아들,
자두와 배추가 자라는 땅
시인들과 현자들이 그의 곁으로 모여들었다
'그러고 나서는?' 플라톤의 유령이 노래했다. '그러고 나서는?'

'어릴 적 계획대로'
'과업을 이루었다'고 노년에 이르러 그는 생각했다
바보들은 분노하라. 나는 조금도 빗나감이 없었고
완벽하게 성취했노라.

But louder sang that ghost, 'What then?'

《해설》

예이츠가 1937년에 발표한 이 시는 「1 에이커의 풀밭」처럼 노년에 이른 그의 삶에 대한 생각이 잘 나타나 있다. 이 시에는 예이츠가 당시 니체(Nietzsche)의 저작을 다시 읽으면서 느낀 생각이 드러나 있는데, 특히 "그러고 나서?"라는 후렴구는 니체의 『하루의 여명』(*The Dawn of Day*)에서 피력한 결론과 깊은 관련이 있다고 알려져 있다. 니체는 이 저작에서 높이 날았던 새들이 마침내 지치고 늙어 더 이상 날 수 없게 되어 돛대나 좁은 바위 턱에 앉을 때 그 새들은 자신이 처한 상황을 기꺼이 받아들여 만족해야 하는지 아니면 계속해서 더 자유롭게 날아갈 것을 꿈꾸어야 하는지에 대해서 묻는다. 그리고 인류의 앞서간 세대들도 이미 이러한 한계를 경험했으며 우리도 장차 그러하겠지만, 힘들고 지치는 상황에 처해서도 더 높이 계속하여 나아가려는 열정을 품는 것이야말로 최고의 가치이며 우리는 마땅히 기존의 한계에 대항해야 되지 않겠는가 하고 주장하고 있다. 이러한 요지를 설명해 놓은 제파레스(A. Norman Jeffares)의 주해(*A New Commentary on the Poems of W. B. Yeats* 378)를 참고하면, 이 시를 좀 더 잘 이해할 수 있을 것이다.

제1연에서는 예이츠가 다녔던 슬라이고(Sligo)의 기숙학교와 더블린(Dublin)의 고등학교를 상기할 수 있으며 친구들은 그의 재주가 출중하

그러나 그 유령은 더 크게 노래했다 '그러고 나서는?'

여 장차 성공하리라 생각했다. 이어 제2연에서는 시인으로서 자신이 이룬 성과를 언급한다. 그리고 제3연에서는 그가 이룬 일가를 소개하는데 여기서 시인의 집은 더블린에 있는 라스판함(Rathfarnham)의 거처를 말한다. 그러나 전 생애에 걸쳐 이루어 놓은 일들을 자랑스럽게 열거하는 화자의 말과 어조는 각 연의 끝에 반복적으로 열거되는 후렴, 즉 "그러고 나서는?"이라는 플라톤의 물음과 묘한 긴장 관계를 형성한다. 이러한 배치는 이 시의 개성적인 특징이며, 노년에 이르러서도 분투하는 자세를 보여야 한다는 전체 주제를 전달하는 데 매우 중요한 역할을 하고 있다.

우선 "그러고 나서는?"이라는 후렴구는 화자의 말에 반응하면서 화자의 말을 더 이어가게 하는 역할을 한다. 그러나 화자가 자신의 삶에 대해 자부심을 가지고 답변을 다 했는데도 플라톤의 유령은 계속 회의적인 어조로, 더욱 소리 높여 묻는다. "그다음은 무엇이냐?"고. 여기서 유령은 화자의 지금 이후의 삶의 과정에 더 관심을 보이며, 화자가 이미 이루어 놓은 세속적인 성공과 성취감에 대해서는 크게 가치를 부여하지 않는다. 이러한 플라톤 유령의 물음은 화자가 나타내는 자아의 만족감을 의문시하고 회의하는 시선을 보내는 아이러니이다. 또한 이 물음은 현재의 성취에 만족하며 안주하려는 노년의 자아를 더욱 분발하게 하는 역할을 한다.

Beautiful Lofty Things

Beautiful lofty things: O'Leary's[1] noble head;
My father[2] upon the Abbey stage, before him a raging crowd.
'This Land of Saints,' and then as the applause died out,
'Of plaster Saints;'[3] his beautiful mischievous head thrown back.
Standish O'Grady[4] supporting himself between the tables
Speaking to a drunken audience high nonsensical words;
Augusta Gregory[5] seated at her great ormolu table
Her eightieth winter approaching; 'Yesterday he threatened my life,
I told him that nightly from six to seven I sat at this table
The blinds drawn up;' Maud Gonne[6] at Howth station waiting a train,

---

1) John O'Leary(1830~1907): 독립운동 단체인 피니언 결사대(Fenian Brotherhood)의 지도자. 1865년 반역죄로 20년 징역형을 선고받아 런던에서 5년간 복역하고, 1870년에 풀려나 15년간 프랑스에서 망명생활을 하다가 1885년 귀국하였다. 특히 넓은 식견과 확고한 신념을 지닌 그의 고매한 인품은 20대의 젊은 시인 예이츠에게 깊은 감명을 주었으며, 그는 또 선각적인 민족시인들의 책을 예이츠에게 주며 민족문학에 대한 관심을 일깨워 아일랜드 문예부흥운동에 앞장서게 해줬다.

2) 선친: 존 버틀러 예이츠(John Butler Yeats, 1839~1922). 그는 1907년 2월 4일 애비극장에서 싱(J. M. Synge)의 『서부 세계의 바람둥이』(*The Playboy of the Western World*) 공연 후 관객이 분노하여 대소동을 벌일 때, 아무도 감히 나서지 않는 가운데 자청해서 직접 무대에 올라가 중재하여 관객의 분노를 가라앉혔다.

3) "This Land of Saints"니 "Of plaster Saints"니 하는 말은 아일랜드가 많은 성인을 배출한 복된 나라이기는 하지만, 단지 석고 성인들의 나라인 듯이 죄악도 많은 나라라는 뜻이다.

아름답고 고결한 것들

이세순

아름답고 고귀한 것들. 올리어리[1)]의 머리,
애비극장 무대 위의 선친(先親)[2)], 앞엔 격노하는 군중.
'이 성인들의 나라,' 그리고 나서 박수가 그치자,
'석고 성인들의 나라'[3)]라 하셨다, 아름답고 장난기 어린 머리를
 뒤로 제치고서.
탁자들 사이에 몸을 의지하고서
취한 청중에게 고상한 허튼소리를 하는 스탠디쉬 오그레이디[4)].
여든 번째 겨울이 다가올 때, 큼직한 금박 입힌 책상에
앉은 오거스타 그레고리[5)]. '어제 그 남자가 내 목숨을 협박하기에,
내가 말해줬어요, 밤마다 6시에서 7시까지 덧문을 열어놓고
이 책상에 앉아 있다고.' 하우쓰 역에서 기차를 기다리는 모드
 곤[6)],

---

4) Standish O'Grady(1846~1928): 아일랜드의 저술가, 역사가. 1899년 5월 11일 아일랜드 문예극장을 위한 만찬에서 좌중이 다 거나하게 취했을 때, 그는 자리에서 일어나 두 탁자에 몸을 의지하고서 이렇게 말했다: "우리는 지금 문예운동을 합니다만, 그것은 대단히 중요하지 않습니다. 그것은 정치운동으로 이어질 텐데, 그것도 대단히 중요하지 않을 것입니다. 그 다음엔 군사적 움직임이 있을 텐데, 그것이 정말 중요할 것입니다."

5) Augusta Gregory(1852~1932): 저술가, 극작가. 예이츠의 후견인이었으며, 함께 아일랜드의 서부 해안지방을 돌며 설화문학을 채집하여 공동집필하기도 하였다. 그리고 그녀의 저택 쿨 장원을 많은 문인들에게 개방하여 아일랜드 문예부흥운동의 요람이 되게 하였다. 이 구절은 토지를 뺏으려는 협박자에게조차 매우 너그럽게 대해주는 부인의 모습을 보여준다.

6) Maud Gonne(1866~1953): 예이츠의 평생에 걸친 짝사랑의 여인. 1891년 8월 예이츠의 첫 청혼을 거절한 뒤 떠나려고 하우쓰 역에서 기차를 기다리는 곤의 오만하고 당당한 모습이 묘사되어 있다.

Pallas Athene in that straight back and arrogant head:
All the Olympians; a thing never known again.

《해설》

이 시는 1936년에 발표된 과거회상적인 내용의 단시로서, 마치 미술관에 전시된 작품을 하나하나 쳐다보며 거기에 얽힌 내력을 더듬어보는 것 같은 느낌을 준다. 예이츠는 이 시에서 과거의 아름답고 고결한 인물들 — 아일랜드의 독립운동, 동족상잔의 내란, 그리고 토지분쟁 등으로 암울했던 시기에 아일랜드 민족을 이끌었던 횃불과도 같은 지도자들에서 시인 자신의 삶과 시세계에 지대한 영향을 끼쳤던 인물들에 이르기까지 — 을 열거하며, 시인의 뇌리에 각인되어 있는 그들의 강렬한 인상을 사전의 낱말풀이 식으로 단 1줄에서 3줄 정도로 간략하게 소개하거나 평가의 말을 덧붙이고 있다.

첫 번째 인물 존 올리어리는 고매한 식견과 성품으로 예이츠를 매료시켰던 독립운동 지도자였다. 그는 영국 당국에 체포되어 오랜 세월 감옥살이와 해외추방생활을 했으면서도, "나라를 구하기 위해서 사람이 해서는 안 될 일들이 있다(There are things that a man must not do to save a nation)"는 신념을 견지하여 증오에 찬 보복을 경계한 대범하고 훌륭한 민족지도자였다. 그리고 그는 젊은 시인 예이츠에게 민족문학의 중요성을 일깨워서, 멸실되어 가는 소중하고 토속적인 설화문학을 발굴하여 민족의 긍지를 높이는 국민시인으로서 아일랜드 문예부흥운동의 선봉에 서게 한 잊을 수 없는 인물이었다.

존 올리어리(John O'Leary)
(출처: Frank Tuohy. *Yeats: An Illustrated Biography*. New Amsterdam Books. 1990. p. 41)

그 꼿꼿한 등과 오만한 머리로는 팔라스 아테네.
모두 올림포스의 신들. 다시는 있을 수 없는 존재.

따라서 올리어리는 적어도 예이츠에게는 그의 얼굴만 떠올려도 저절로 머리가 숙여지는 존경스럽고 고결한 인물이었음을 잘 알 수 있다. 여기에 무슨 수식어구가 더 필요하겠는가?

두 번째 인물은 예이츠 자신의 아버지. 그는 화가이자 철학과 문예론에 밝은 문필가로서 예이츠의 어린 시절부터, 물론 성장하면서 상호간에 갈등이 있기는 했지만, 그의 유미주의적이고 유아론적인 시세계 형성에 지대한 영향을 끼쳤다. 그리고 그는 1907년 애비극장(Abbey Theatre)에서 싱(J. M. Synge)의 『서부 세계의 바람둥이』 공연 뒤 격분한 관객이 대소동을 벌였을 때, 아무도 선뜻 나서지 않는 가운데 무대에 올라가 감미롭고 단순한 한마디로 그들을 진정시킨 일화로 유명하다. 그는 "물론 나는 아일랜드가 성인들의 섬이라는 것을 알고 있습니다만, 아일랜드가 역시 죄인들의 섬이라는 것을 하느님께 감사합니다"라는 말로 관객의 박수갈채를 받았는데, 이 말은 결국 당시 아일랜드가 처한 상황에서 모두가 구렁에 빠진 마당에 작가의 진의를 파악하기도 전에 누구를 비난하는 것은 온당치 못한 처사라는 의미도

존 버틀러 예이츠(John Butler Yeats) 자화상
(출처: Micheál Mac Liammóir and Eavan Boland. *W. B. Yeats*. Thames and Hudson. 1998. p. 6)

담고 있다. 그의 군중의 마음을 꿰뚫고 그들을 단숨에 제압하는 모습이야말로 아름답고 고결하다.

스탠디쉬 오그레이디(Standish O'Grady)
(출처: www.encyclopedia.com/topic/Standish_Ogrady.aspx)

세 번째 인물은 스탠디쉬 오그레이디. 그는 소설가이자 역사가로서 아일랜드 문예부흥운동의 지도자의 한 사람이었다. 그가 쓴 『아일랜드 영웅시대의 역사』(*History of Ireland's Heroic Period*)와 『아일랜드의 고대 영웅신화』(*The Ancient Heroic Legends of Ireland*)는 문예부흥운동에 중요한 영향을 끼쳤다. 이 시에 소개된 일화는 실제 있었던 일을 묘사한 것으로, 문예부흥운동에 대한 애착과 앞으로 닥칠지도 모르는 군사적 움직임에 대한 그의 우려가 깊지만 일반인들은 그렇지 않다는 것이 대조적으로 잘 묘사되어 있다. 그의 앞을 내다보는 식견과 대중에 휩쓸리지 않는 고고한 자세는 아름답기까지 하다.(위의 각주 4 참조)

오거스타 그레고리 부인
(Lady Augusta Gregory)
(출처: Catherine Fahy. *W. B. Yeats and his Circle*. The National Library of Ireland. 1992. p. 32)

네 번째 인물은 오거스타 그레고리 부인. 저술가이자 극작가로서 예이츠에게는 어머니 이상의 후견인이었다. 두 사람은 함께 서부 해안지방을 두루 돌아다니며 게일어로 된 신화와 전설 따위를 채집하여 영어로 번역·소개함으로써 아일랜드 사람들의 문화 민족으로서의 긍지를 드높이고, 애비극장을 설립하고 연극을 장려하는 일도 함께하면서 아일랜드의 문예부흥운동에 앞장섰다. 그리고 그레고리 부인은 골웨이(Galway) 소재의 저택 쿨 장원을 많은 문인들에게 개방하고 그들을 후원하여, 이 저택은 문예부흥운동의 요람으로서 유서 깊은 장소가 되었다. 이런 그레고리 부인에게도 토지분쟁으로 인한 과격한 소작농들의 표적에서 벗어날 수는 없었다. 그러나 이 시에는 토지를 빼앗기 위해 자신의 목숨을 위협하는 자를 앞에 놓고도 귀족주의적 품위와 너그러움을 잃지 않는 그레고리 부인의 아름답고 고결한 성품이 간결하게 잘 묘사되어 있다.

모드 곤(Maud Gonne)
(출처: Micheál Mac Liammóir and Eavan Boland. *W. B. Yeats*. Thames and Hudson. 1998. p. 47)

마지막 다섯 번째 인물은 이 시를 쓸 때 유일하게 생존했던 모드 곤. 빼어난 미모의 곤은 행동제일주의자로서 열혈 독립투사였으며, 예이츠가 평생 잊지 못한 짝사랑으로서 그의 삶과 시에 지대한 영향을 끼친 인물이다. 예이츠는 그녀를 1889년 처음 만나 첫눈에 반한 이후 1981년 8월에 첫 번째 청혼을 했지만, 곤은 친구관계로 남을 것을 요구하며 그의 청혼을 거절하였다. 예이츠는 곤을 처음 만났을 때의 인상을 화사하게 핀 사과꽃 같았다고 묘사하였고, 균형 잡힌 그녀의 몸매를 그리스의 인격신 같다고 하였다. 이러한 그의 인상은 그녀가 청혼을 거절한 뒤 떠나려고 더블린의 하우쓰역에서 기차를 기다리는 모습에서도 거의 그대로 나타난다. 그녀가 비록 그의 청혼을 거절하고 떠나지만, 그녀의 꼿꼿하고 오만하기까지 한 당당한 모습은 여전히 그리스 신화에 나오는 지혜 · 예술 · 전술의 여신 팔라스 아테네와 같은 아름답고 고결함을 지니고 있다.

결론적으로 시인은 이 인물들을 총괄적으로 다시 언급하면서, 이들은 모두 한마디로 그리스의 올림포스의 신들과 같은 존재이며 두 번 다시 있을 수 없는 아름답고 고결한 존재라고 끝을 맺는다.

A Crazed Girl

That crazed girl improving her music,
Her poetry, dancing upon the shore,
Her soul in division from itself
Climbing, falling she knew not where,
Hiding amid the cargo of a steamship
Her knee-cap broken, that girl I declare
A beautiful lofty thing, or a thing
Heroically lost, heroically found.

No matter what disaster occurred
She stood in desperate music wound
Wound, wound, and she made in her triumph
Where the bakes and the baskets lay
No common intelligible sound
But sang, 'O sea-starved hungry sea.'

미친 여자

홍성숙

그녀만의 음악을 즉흥적으로 노래하는 저 미친 여자,
그녀의 시, 해변을 밟고 춤추네.
그녀의 영혼 분리되어,
오르고, 떨어지면서 어디인지 모르고,
그녀의 무르팍 부러뜨리면서
증기선의 뱃짐 사이에 숨바꼭질하네
나 공언하네 그녀는
아름답고 숭고한 것이라고, 영웅답게 잃어버리고
영웅답게 찾아낸 것이라고.

어떤 재앙이 닥친다 해도
필사적으로 노래로 휘감네
감고 감는다. 승리에 찬 그녀
빵 바구니가 놓여진 곳에서
범상한 가락을 만들고
노래했다. "아, 굶주린 바다여, 배고픈 바다여."라고

《해설》

이 시는 1936년 5월 바르셀로나에서 쓴 시로 1937년 마곳 러닥(Margot Ruddock)의 시집 『레몬트리』(*The Lemon Tree*)에 처음 등장한다. 예이츠는 이 시집의 서론을 썼다. 여기 미친 여자는 마곳 러닥을 가리킨다. 예이츠가 마주르카(Majorca)에 있었을 때 그녀는 자기의 시를 봐 주었으면 해서 찾아왔다. 예이츠가 시 쓰는 일을 그만두는 편이 좋다고 충고하자 억수같이 쏟아지는 빗속을 뛰쳐나가 모래사장에서 춤추었다. 'O sea-starved...sea'는 레몬트리에 기고된 「난 거의 환희를 맛보았소」("Almost I tasted ecstasy")의 에세이 안에 있는 노래로부터 인용된 것이다. 화자가 여인에 대해 두 가지 다른 감정을 갖고 있음이 그녀를 '머리가 돈 사리분별 없는 여자'라고 조롱조로 말하고 있고 또 다른 하나는 그녀의 삶의 에너지를 아름답고 숭고한 것으로 찬미하는 데서 잘 나타난다.

한편 해변을 춤추는 여자는 마치 굶주린 배고픈 바다와 동일시된다. 넓은 바다는 신비의 생명력을 담고 있기에 그녀 역시 신비한 생명력의 주체로서 춤을 통해 그 생명력을 발산한다. 따라서 그 춤은 아름답고 숭고한 영웅적인 이미지를 담게 된다. 이 여인은 초인을 말하는 차라투스트라처럼 삶의 신비한 에너지로 숭고의 미를 표현하고 있다. 분명 이 시의 바다는 니체가 말하는 정화를 위한 바다와 연결시켜 생각해 볼 수 있으며 이 여인이 가진 이미지 역시 니체의 초인과 연결시켜 봄직하다.

예이츠가 격려한 젊은 시인
마곳 러닥(Margot Ruddock)
(출처: Catherine Fahy. *W. B. Yeats and his Circle*. The National Library of Ireland. 1992. p. 59)

마요르카 섬의 팔마 항구
예이츠는 마요르카 섬에서 1935년에서 1936년 봄까지 머물렀다.
(출처: Micheál Mac Liammóir and Eavan Boland. *W. B. Yeats*. Thames and Hudson. 1998. p. 121)

To Dorothy Wellesley[1)]

Stretch towards the moonless midnight of the trees,
As though that hand could reach to where they stand,
And they but famous old upholsteries
Delightful to the touch; tighten that hand
As though to draw them closer yet.
                                        Rammed full
Of that most sensuous silence of the night
(For since the horizon's bought strange dogs are still)[2)]
Climb to your chamber full of books and wait,
No books upon the knee, and no one there
But a Great Dane[3)] that cannot bay the moon
And now lies sunk in sleep.
                                        What climbs the stair?
Nothing that common women ponder on
If you are worthy my hope! Neither Content

---

1) Dorothy Wellesley: 시인(1889~1956). 1914년 웰링턴 공작과 결혼, 웰링턴 공작부인이 된 도로시 웰즐리는 영국 이스트 서섹스 소재 18세기 저택(Penns in the Rocks)에서 살았다. 그녀는 예이츠를 만나기 전 이미 시집을 출판했지만 비평가들의 주목을 받지 못했다. 1935년 봄에 예이츠는 『옥스퍼드 현대시선』(*The Oxford Book of Modern Verse*, 1936)을 편찬하면서 그녀의 시를 접했고 적절한 이미지와 정확한 문체를 높이 평가하고 8편의 시를 포함시켰다. 예이츠는 1935년 그녀의 저택을 방문하였는데 잘 가꾸어진 정원과 품위 있는 태도 등에서 레이디 그레고리(Lady Gregory)의 장원 쿨 파크(Coole Park)의 분위기를 느꼈다. 예이츠는 그 후 1937년과 1938년에도 그녀의 저택을 방문하였다. 예이츠는 그녀 시집의 서문을 써주기도 했고 편지를 주고받는 등 그녀는 예이츠의 말년의 친한 친구였다.

2) for since the horizon's bought strange dogs are still: 'bought'와 'strange' 사이에 쉼

도로시 웰즐리[1]에게

윤기호

달도 없는 한밤중에 나무들을 향해 손을 뻗으세요.
나무들이 서 있는 곳까지 닿을 수 있기라도 하듯이,
마치 촉감 좋은 명품 고가구라도 되는 것처럼.
손에 힘을 더 주세요.
그것들을 더욱 가까이 끌어당기기라도 하듯이.
밤의 아주 감각적인
고요함으로 가득 채워진 채
(지평선도 사들였기 때문에 낯선 개들은 조용하리라)[2]
책이 가득 찬 당신 방으로 올라가 기다리세요.
무릎 위에 어떤 책도 올려놓지 말고. 지금 잠에 푹 빠져서
달보고 짖을 수 없는 '그레이트 데인'[3] 말고는
아무도 없는 방.
어떤 존재가 계단을 오르는가?
평범한 여인들이 곰곰이 생각하는 그런 것은 아닐 거예요.
만약 당신이 내 희망에 값하는 분이라면! '만족감'도

표를 넣으면 뜻이 분명해질 것이다. 도로시 웰즐리에게 보낸 편지 속에 포함된 원래의 시에는 "그대가 지평선을 샀기 때문에 만사가 조용하다."(For since you bought the horizon all is still.)로 되어 있다. 예이츠는 그녀의 영지 맞은편 산등성이를 사들여 별장들이 그곳까지 침범하는 것을 그녀가 막은 사실을 알고 기뻐했다. 그녀는 주석에서 "내가 그 땅을 산 후 그 땅에 살던 사람들을 쫓아내고 그들의 개까지 함께 내쫓아 버렸다는 예이츠의 환상이 아니었다면 이 행의 뜻을 결코 이해하지 못했을 것이다."라고 말한 바 있다. 현재시제를 미래시제 대신 사용한 것.

3) 그레이트 데인(a Great Dane): 털이 짧고 체격이 큰 덴마크 종(種) 개. 도로시 웰즐리의 개인 브루터스(Brutus)를 가리킴. 그녀는 이 시에 브루터스를 언급하여 기뻐했다.

Nor satisfied Conscience, but that great family
Some ancient famous authors misrepresent,
The Proud Furies[4] each with her torch on high.

《해설》

시인과 시에 영향을 미치는 비이성적인 힘들의 역할에 대한 시. 비록 시인은 경험으로 "가득 채워지고", "밤의 감각적인 고요함"과 꿈꾸는 어두움 속의 풍경을 창작할 때 염두에 두어야 하지만, 잠시 동안 모든 것을 자제하고 기다려야 한다. 그 사이에 "오만한 복수의 여신들"(창작의 영감?)이 나타날 것이다. 예이츠가 도로시 웰즐리에게 보낸 다음 편지를 읽어 보면 이 시의 의미를 짐작할 수 있을 것이다.

우리 모두는 우리 내부에 때려 부숴야 할 뭔가를 가지고 있는데 우리는 이 싸움으로부터 힘을 얻는다. 나는 등장인물들이 폭력이나 광기를 억누름으로써 열정적인 대사가 나온다는 사실을 보여주지 않은 운문극을 '무대에 올린 적'이 없다. 완전하게 억누르는 것, 그 밑에 야수가 꿈틀대는 것에 모든 것이 달려 있다. 내 시 「도로시 웰즐리」는 이런 인상을 줄 것이다. 달, 달 없는 밤, 어두운 색의 벨벳, 감각적인 고요함, 조용한 방, 격렬하고 밝은 빛의 복수의 여신들. 이러한 갈등이 없이는 우리는 열정을 가질 수 없고 단지 감상과 생각만을 가질 뿐이다.

---

4) 오만한 복수의 여신들(*The Proud Furies*): 예이츠의 '복수의 여신들'에 대한 묘사는 제인 엘렌 해리슨(Jane Ellen Harrison)의 책, 『그리스 종교 연구 서론』(*Prolegomena to the Study of Greek Religion*, 1922)에 따른 것이라고 한다. 그리고 루이스 리처드 파넬(Lewis Richard Farnell)의 『그리스 도시국가의 컬트』(*The Cults of the Greek States*, 1909)에 의하면 그리스 비극 작가 아이스킬로스(Aeschylus)가 복수의 여신들을 잘못 전했다(misrepresent)고 한다.

'떳떳한 양심'도 아니고, 몇몇 고대 유명 작가들이 잘못 전한 저 위대한 가문, '오만한 복수의 여신들'[4]이 저마다 손에 횃불을 높이 들고 계단을 오르지요.

웰링턴 공작부인 도로시 웰즐리
예이츠가 존경했던 시인이다.
(출처: Catherine Fahy. *W. B. Yeats and his Circle*. The National Library of Ireland. 1992. p. 59)

「도로시 웰즐리」에서 보이는 갈등은 의도적으로 계획된 것은 아니다. 그러한 갈등은 내 잠재의식 깊은 곳에 있고, 아마도 모든 사람의 잠재의식 속에 존재할 것이다.

The Curse Of Cromwell

YOU ask what — I have found, and far and I go:
Nothing but Cromwell's house and Cromwell's murderous
crew,
The lovers and the dancers are beaten into the clay,
And the tall men and the swordsmen and the horsemen,
where are they?
And there is an old beggar wandering in his pride —
His fathers served their fathers before Christ was crucified.
O what of that, O what of that,
What is there left to say?

All neighbourly content and easy talk are gone,
But there's no good complaining, for money's rant is on.
He that's mounting up must on his neighbour mount,
And we and all the Muses are things of no account.
They have schooling of their own, but I pass their schooling
by,
What can they know that we know that know the time to
die?
O what of that, O what of that,
What is there left to say?

크롬웰의 저주

강민건

당신은 제가 멀리 돌아다니면서 무엇을 찾았는지 물으시겠지만.
크롬웰의 집과 크롬웰의 잔인한 군대를 제외하곤 아무것도 없어
요,
사랑하는 사람들과 춤추던 이들은 흙 속에 묻히고,
장정들과 병사들과 기마병들은, 지금 어디에 있는가요?
자존심 하나만으로 배회하는 한 늙은 거지만이 있을 뿐이지요—
그의 조상들은 예수께서 못 박히기 이전에 조상들을 섬기었어요.
아 그게 어쨌단 말인가요, 무슨 소용이 있지요?
아직 더 하고 싶은 말이라도 있단 말인가요?

모든 이웃들의 즐거움과 한가로운 이야기들은 사라져 버리고,
어떤 불평도 소용이 없고, 다만 돈벌이 이야기만 활개를 치고
있지요.
올라가려는 자는 그의 이웃을 짓밟고 올라가야 하고,
우리나 모든 시인들은 아주 보잘것없는 존재들이지요.
그들은 그들 자신들만의 교육이 있겠지만, 저는 모른 척합니다.
소멸하는 때를 알고 있는 우리의 앎을 그들이 알 리가 없지요?
아 그게 어쨌단 말인가요, 무슨 소용이 있지요?
아직 더 하고 싶은 말이라도 있단 말인가요?

But there's another knowledge that my heart destroys,
As the fox in the old fable destroyed the Spartan boy's
Because it proves that things both can and cannot be;
That the swordsmen and the ladies can still keep company,
Can pay the poet for a verse and hear the fiddle sound,
That I am still their servant though all are underground.
O what of that, O what of that,
What is there left to say?

I came on a great house in the middle of the night,
Its open lighted doorway and its windows all alight,
And all my friends were there and made me welcome too;
But I woke in an old ruin that the winds howled through;
And when I pay attention I must out and walk
Among the dogs and horses that understand my talk.
O what of that, O what of that,
What is there left to say?

그러나 오래된 우화에서 여우가 스파르타 소년의 심장을 파먹었듯이
저의 심장이 부서질 것 같은 또 다른 일도 있지요,
일이라는 게 그럴 수도 있고 그렇지 않을 수도 있기 때문이지요.
군인들과 귀부인들이 여전히 친밀하게 지낼 수 있고,
시인의 노래에 품삯을 주고, 현악기의 가락을 음미할 수 있답니다,
모든 이들이 살해되었지만, 저는 아직도 살아 그들을 시중들고
  있답니다.
아 그게 어쨌단 말인가요, 무슨 소용이 있지요?
아직 더 하고 싶은 말이라도 있단 말인가요?

저는 한 밤에 대저택에 와 있답니다.
열린 입구에 촛불이 밝혀지고 창문에 모든 불이 켜져 있지요.
모든 친구들이 모여 있었고 저를 반갑게 맞이했지요.
그러나 온통 바람이 울부짖는 낡은 폐허에서 저는 눈을 떴어요.
정신을 차려보니 나의 말을 잘 알아듣는 개와 말들 사이로
저는 밖으로 나와 걸어가야만 했어요.
아 그게 어쨌단 말인가요, 무슨 소용이 있지요?
아직 더 하고 싶은 말이라도 있단 말인가요?

《해설》

1937년에 씌어진 이 시는 영국의 가장 존경받는 사람 중의 하나인 청교도주의자인자 장군이었던 올리버 크롬웰을 배경으로 하고 있다. 그는 엄격성과 도덕성을 바탕으로 한 군대를 조직하고 강인한 군사력을 가지고 영국이 강국으로 성장하는 데 많은 기여를 한다.

그러나 아일랜드 시인 예이츠의 시각은 일반적인 영국인들의 시작과는 다르다. 12세기부터 아일랜드는 영국의 간섭을 받았다. 그 후로 오랫동안 전쟁과 반란이 잇따랐고 거기에 기근까지 겹쳐 나라가 온통 황무지로 변했다. 1652년 아일랜드는 영국에 의해 완전히 정복되었다. 호국경(Lord Protector) 크롬웰은 몰수한 땅을 영국에서 넘어온 개신교인들에게 분배했다. 이른바 크롬웰의 이주정책인데, 아일랜드인들은 이를 두고 "크롬웰의 저주"라 부른다. 타지에서 온 자들이 아일랜드인의 주인 행세를 하게 한 정책이었기 때문이다. 이로 인해 영국 식민지 이방인들은 지주가 되고 토착 아일랜드인들은 자기 땅에서 소작농으로 전락하게 된다.

시인 예이츠는 이른바 아일랜드의 식민지배하의 상황을 「크롬웰의 저주」에서 잘 묘사하고 있다. 영국의 식민지배 이후 아일랜드인을 대변하는 1연의 "늙은 거지"는 "예수가 못 박히기 이전"부터 이 땅의 주인이었으나 "크롬웰"로 대변되는 영국의 침입 이후 아일랜드인들은 특유의 전통적 문화유산을 빼앗기거나 버리고 영국 지배하의 "돈벌이"에만 급급하다. 결국 전통적 아일랜드를 대변하는 "시인은 보잘것없는 존재"가 되고 만다. "다만, 귀족과 군인"으로 대변되는 영국인들을 위해 아일랜드 문학은 그저 "품삯"을 제공받는 노동의 상태로 내려간다. 시인은 과거 아일랜드의 찬란한 문학 유산의 부활을 꿈꾸지만 결국 현실은 "바람이 울부짖는 낡은 폐허"일 뿐이다. 어찌할 수 없는 식민 조국의 현실 앞에서 푸념 섞인 시인의 후렴구가 애처로운 시이다.

슬라이고 지방의 드럼클리프(Drumcliff) 십자가
(출처: James P. McGarry. *Place Names in the Writings of W. B. Yeats*. Macmillan of Canada Maclean-Hunter Press. 1976)

Roger Casement

(After reading 'The Forged Casement Diaries' by Dr. Maloney)

I say that Roger Casement
Did what he had to do.
He died upon the gallows,
But that is nothing new

Afraid they might be beaten
Before the bench of Time,
They turned a trick by forgery
And blackened his good name.

A perjurer stood ready
To prove their forgery true;
They gave it out to all the world,
And that is something new;

For Spring Rice had to whisper it,
Being their Ambassador,
And then the speakers got it
And writers by the score.

Come Tom and Dick, come all the troop

로저 케이스먼트

(말로니 박사의 '날조된 케이스먼트 일기'를 읽고)

강민건

내가 분명히 말하지만 로저 케이스먼트는
자신의 의무를 다하고
결국 형장의 이슬로 사라졌어
그러나 새삼스러운 일은 아니지.

그들은 시간이라는 법정 앞에 서서
들통이 날 것을 두려워 한 나머지,
계략을 꾸며 일기를 날조하고
케이스먼트의 명성에 누명을 씌웠다.

한 위증자가 날조된 일기를 사실이라고
증명하기 위해 준비를 했고.
그들은 그 거짓을 온 세상에 퍼트렸다.
그리고 그 일은 새로운 사실이 되어버렸다.

대사가 된 스프링 라이스가,
그 일기를 온 세상에 슬그머니 퍼트려야 했고,
기다렸다는 듯이 그것을 나불대는 자들,
그리고 사실이 되어버린 일기들.

어중이떠중이들, 날조된 일기를 여기저기

That cried it far and wide,
Come from the forger and his desk,
Desert the perjurer's side;

Come speak your bit in public
That some amends be made
To this most gallant gentleman
That is in quicklime laid.

《해설》

이 시는 예이츠가 1936년에 작업을 하여 그 이듬해인 1937년 2월에 아일랜드 신문에 실린 작품이다. 제목에서 알 수 있듯이 로저 케이스만은 아일랜드의 독립을 도왔던 영국 외교관이었다. 그는 1912년에 페루의 원주민들을 학대하던 영국의 목재 회사의 비리를 폭로함으로써 국제적인 명성을 얻었으며, 세계 곳곳을 돌아다니며 유럽 제국주의의 만행을 폭로한 반제국주의이자 반인종주의자였다. 아일랜드를 결코 독립시킬 생각이 없던 영국으로선 충분히 경악할 만한 일이었다. 영국인들은 그를 비난하기 시작했으며 영국 정부 역시 그에게 이중 스파이의 죄를 물어 사형을 언도한다. 그 결정적인 증거가 바로 이 시의 배경이 되는 "검은 일기"(Black Diaries) 사건이다. 영국 정부에 의해 법정에 증거물로 제출된 케이스먼트가 작성 한 이 일기장은, 영국 정부가 밝힌 바에 의하면 그가 페루, 콩고 등지를 돌아다니며 행한 동성애에 대한 내용들이 담겨 있다. 결국 아일랜드 민족주의자들마저 자신들의 비밀스런 우상이었던 로저 케이스먼트가 그런 비도덕적 인간

떠들어대는 모든 무리들
날조한 자와 그의 일기에서 손을 떼라,
위증자 편에서 물러서라.

날조가 수정되어질 수 있도록
대중들에게 문제의 진실을 말하라
지금은 시신이 생석회에 묻혀 있는
변함없이 용감했던 이 신사를 위해서.

이었다는 사실을 받아들이지 못한 채 그를 비난하기에 이른다. 그러나 이 일기장이 날조되었다는 주장들이 나오게 된다. 일기의 날조에 의해 동성애자로서 살해당한 아일랜드 독립투사의 인생은 현재 다시 복원되고 있다. 그의 혁명적인 일대기는 다시 재기록되어야 하며, 도덕적 교수형에 처해진 그의 섹슈얼리티에 대해서도, 그 암울한 억압의 시대상과 더불어 다시 복원되어야 한다는 주장이 재기되고 있다. 이런 상반된 주장 속에 시인 예이츠는 역시이 시를 통해 그의 죽음과 누명을 애도하면서 강도 높게 케이스먼트에 대한 "날조가 수정되어질 수 있도록 / 대중들에게 문제의 진실을 말하라"라고 외치고 있다. 로저 케이스먼트의 법정 최후 진술이 많은 이들에게 잊힌 말이 되어 버렸지만 예이츠는 이 시를 통해 그의 최후 진술을 다시 대변하고 있는 듯하다. 그의 최후 진술은 다음과 같다. "자치는 우리의 권리다. 다른 사람들에 의해 빼앗기고 분배되는 것이 아니라 우리가 태어난 곳에서 우리 스스로 태양을 느끼고 꽃향기를 맡는 것, 우리와 같은 부류의 사람을 사랑하는 것, 그것 자체가 바로 인생의 권리인 것, 그것이 바로 자치인 것이다."

The Ghost of Roger Casement

O what has made that sudden noise?
What on the threshold stands?
It never crossed the sea because
John Bull and the sea are friends;
But this is not the old sea
Nor this the old seashore.
What gave that roar of mockery,
That roar in the sea's roar?
The ghost of Roger Casement
Is beating on the door.

John Bull has stood for Parliament,
A dog must have his day,
The country thinks no end of him,
For he knows how to say,
At a beanfeast or a banquet,
That all must hang their trust
Upon the British Empire,
Upon the Church of Christ.
The ghost of Roger Casement
Is beating on the door.

로저 케이스먼트의 유령

구자광

어! 무엇이 갑작스럽게 저런 시끄러운 소리를 내지?
문지방엔 무엇이 서 있지?
존 불(John Bull)과 바다가 한 패이기에
그것은 바다를 결코 건너지 않았어.
그러나 이곳은 그 옛날의 바다도
그 옛날의 해안가도 아니야.
무엇이 조롱하는 저 우렁찬 소리,
바다의 으르렁거리는 소리 속에서도 들리는 저 우렁찬 소리를
내었지?
로저 케이스먼트의 유령이
문을 두드리고 있어.

존 불은 의회를 지지해왔어,
누구에게나 한 세상이 있음에 틀림없어,
사람들은 그가 끝장나지 않으리라 생각을 해,
그는 회식이나 잔치에서,
모두는 영제국과
예수교에 대한
믿음을 저버리지 말아야 한다고
말하는 방법을 알기 때문이지,
로저 케이스먼트의 유령이
문을 두드리고 있어.

John Bull has gone to India
And all must pay him heed,
For histories are there to prove
That none of another breed
Has had a like inheritance,
Or sucked such milk as he,
And there's no luck about a house
If it lack honesty.
The ghost of Roger Casement
Is beating on the door.

I poked about a village church
And found his family tomb
And copied out what I could read
In that religious gloom;
Found many a famous man there;
But fame and virtue rot.
Draw round, beloved and bitter men,
Draw round and raise a shout;
The ghost of Roger Casement
Is beating on the door.

존 불은 인도로 가버렸어
그리고 모두는 그가 하는 짓을 잘 봐두어야 해,
저기에서 역사가 증명할 수 있으니까,
어떠한 다른 종족도
유사한 유산을 가지지 않아왔거나,
존 불이 빤 것과 같은 젖을 빨아오지 않았음을,
그리고 어떤 족속이 정직하지 않으면,
그 가계 근처에는 좋은 운수가 없음을.
로저 케이스먼트의 유령이
문을 두드리고 있어.

나는 마을 교회 근처를 쑤시고 다녔지
그리고 그의 가족 묘지를 발견했고
내가 읽을 수 있었던 것을 전부 베꼈지
그 종교적 기운이 감도는 우울함 속에서.
거기서 많은 유명한 이들을 발견했지.
그러나 명성과 덕행은 썩기 마련.
비탄에 찬 사랑하는 이들이여, 둘레로 모여,
둘레로 모여, 목소리 높여 외쳐라.
로저 케이스먼트의 유령이
문을 두드리고 있다.

《해설》

1880~1890년대에 큰 반향을 일으켰던 헌법에 의한 민족주의를 주창한 파넬(Charles Parnell)이 지도하는 아일랜드 의회당에 의하여 제시된 아일랜드 자치법(Home Rule)이 두 차례나 영국 의회에서 통과되지 않자, 젊은 민족주의자들은 의회를 통한 정치에 환멸을 느껴 좀 더 극단적인 방식으로 분리주의를 추구하게 되었다. 예이츠도 이러한 움직임에 동조하여 영국으로부터 완전히 독립된 게일 전통의 나라와 문화와 아일랜드인들을 일치시켰다. 우리는 이러한 의회주의를 거부하는 독립을 향한 전투적인 민족주의 분위기 속에서 이 시를 이해할 수 있다. 로저 케이스먼트(Roger Casement: 1864년 9월 1일~1916년 8월 3일)는 아일랜드 민족주의자이다. 그는 1914년 9월 제1차 세계대전이 발발하자 아일랜드 독립을 위하여 영국의 적인 독일의 도움을 받을 수 있으리라 기대했다. 케이스만의 원래 계획은 독일군 원정대가 아일랜드 서부 해안에 상륙하고 동시에 더블린에서는 봉기를 하는 것이었다. 그는 1916년 4월 24~30일 동안 진행된 부활절 봉기(Easter Rising) 계획이 거의 완료되었을 때까지 그것에 대하여 알지를 못했다. 그는 독일로부터 그의 기대와는 다른 소총 2만 자루와 기관총 10자루와 탄약이라는 빈약한 지원이라도 아일랜드로 입수 하려했으나 1916년 4월 22일 무기를 실은 배가 영국 해군에게 나포되었다. 봉기 전에 그는 독일의 지원이 충분하지 않으니 "봉기를 취소하고 무기를 하선시켜 분배하라"는 메시지를 전달하려고 했다. 그는 1916년 4월 21일 아일랜드에 도착하여 체포되었다. 부활절 봉기와 관련하여 봉기의 지도자들은 1916년 5월 3일부터 5월 12일 사이에 총살되었고 이들을 제외한 나머지 인사들은 사면되었으나 그는 1916년 8월 3일 런던에 있는 감옥에서 반역죄로 교수형을 당했다.

이 시에서 아일랜드 독립을 위하여 활동하다가 죽임을 당한 케이스만의 유령이 살아 있는 자들에게 다시 찾아온다. 우리는 이 시에서 반복되는 모티프인 유령을 해석하기 위해 프로이트(Sigmund Freud)의 논의를 참고할 필요가 있다. 프로이트는 『애도와 멜랑콜리』(*Mourning and Melancholia*)와 이를 발전시킨 『자아와 이드』(*The Ego and the Id*)에서 애도와 멜랑콜리(우울)와 이와 관련된 애증병존, 자살충동을 정신분석학적으로 설명한다. 프로이트에 따르면, 애도는 상실된 대상에 대한 애정을 다른 대상으로 옮겨서 자아로 하여금 상실을 극복하게 한다. 애도와는 달리 멜랑콜리에서, 자아는 상실된 대상에 대한 애정을 철회하지 못하고 그 대상을 자아 내부로 받아들여 그 대상에 대한 애정을 자아에 대한 애정으로 대체한다. 그러나 자아가 지니는 외부 세계의 대상에 대한 원초적인 적개심으로 인하여, 멜랑콜리 상태에서는 자아 내부로 수용된 이 외부로부터 온 대상에 대한 증오가 발생한다. 그러므로 멜랑콜리 상태에서는 이 상실된 대상에 대한 애정과 증오가 병존한다. 자아의 일부가 되어버린 이 대상에 대한 증오는 결국은 자아에 대한 증오이므로 자아를 파괴하려는 자살충동으로 이르게 된다. 그러므로 멜랑콜리는 상실된 대상이 자아를 숙주로 하여 살아 있는 자아를 죽음으로 내모는 상황이 발생한다.

애정의 다른 대체물을 찾는 애도는 결국 상실된 대상을 영원히 상실하게 하는 작업이 된다. 멜랑콜리에서는 상실된 대상이 자아에 내재한다. 상실을 식민지인들이 경험하는 조(모)국의 상실, 독립투사들의 죽음으로 인한 상실로 대체하면, 식민지인들의 심리상태가 밝혀질 수 있다. 식민지인들이 상실한 대상은 애도작업을 통하여 다른 애정의 대상으로 대체되지 않고 그들 속에 내재되어 그들을 멜랑콜리 상태로 이끈다. 이러한 멜랑콜리 상태를 야기하는 상실된 대상의 출현이 유령으로 상징화되는 것이다. 이러한 유령은 상실된 대상에 대한 식민지인들의 애도작업을 금지하고 그들을 멜랑콜리 상태로 유지시킨다. 식민지인들의 멜랑콜리(우울)한 상태는 이러한 관점에서 설명될 수 있다.

'우울한 식민지인들'이란 표현이나 또한 한용운의 「님의 침묵」에서 '아아 님은 갔지만은 나는 님을 보내지 아니하였습니다'란 구절에서 '님'을 상실한 조(모)국이라고 본다면, 이 구절은 식민지인들이 경험하는 우울한 멜랑콜리 상태를 표현한 것이라 할 수 있다. 식민지 시인들이 조(모)의 상실이나 독립투사들의 죽음을 기록하는 것은 식민지인들에게 애도작업을 금지하고 멜랑콜리 상태를 상기시키는 작업이 된다. 식민지인들이 경험하는 멜랑콜리에 의한 자살충동은 독립을 위한 추가적인 자살적 행위를 야기한다. 이와 관련된 자세한 논의는 『한국예이츠저널』 제28권(2007. 12)의 「'멜랑콜리'와 탈식민 '정치': W. B. 예이츠의 경우」를 참고할 수 있다.

존 불(John Bull)은 1712년 아버쓰놋(John Arbuthnot) 박사에 의하여 창조되어 정치적 문제를 다루는 만화나 삽화에서 일반적으로 의인화된 영국, 특히 잉글랜드를 대변하는 것이다. 일반적으로 존 불은 건장한 중년의 남성으로서 허리에 영국 국기 유니온 잭(Union Jack)을 두르고 있는 것으로 묘사된다. 이 시에서 존 불은 스코틀랜드나 웨일즈와 아일랜드 민족주의자들이 거부하는 잉글랜드를 지칭한다. 존 불이나 그와 한 패거리인 의회가 하려는 것은 표면적으로는 무기 수입 저지를 통하여 독립투쟁을 막으려는 것으로 보이지만 내면적인 심리적 작동기제의 측면으로 보면, 그들은 식민지인들로 하여금 상실한 대상에 대하여 애도작업을 하도록 유도하는 것이다. 이를 통하여 그들은 식민지인들을 추가적인 독립투쟁을 야기하는 멜랑콜리 상태로부터 끌어내려고 시도한다.

1916년 부활절 봉기 동안 아일랜드 민족주의자들의 본거지였던 중앙우체국 건물
불탄 흔적이 보인다. 더블린 시의 오코넬 거리에 서 있다.
(출처: Micheál Mac Liammóir and Eavan Boland. *W. B. Yeats*. Thames and Hudson. 1998. p. 88)

The O'Rahilly

Sing of the O'Rahilly,
Do not deny his right;
Sing a 'the' before his name;
Allow that he, despite
All those learned historians,
Established it for good;
He wrote out that word himself,
He christened himself with blood.
How goes the weather?

Sing of the O'Rahilly
That had such little sense
He told Pearse and Connolly
He'd gone to great expense
Keeping all the Kerry men
Out of that crazy fight;
That he might be there himself
Had travelled half the night.
How goes the weather?

'Am I such a craven that
I should not get the word

오레일리가(家)의 수장 오레일리

구자광

오레일리가(家)의 수장 오레일리를 찬미하라,
그의 권리를 부정하지 말라.
그의 이름 앞에 '수장'이란 말을 붙여 찬미하라.
저 모든 박식한 역사학자들의 연구와 상관없이
그가 '수장'임 영원히 입증했음을 인정하라.
그는 그 자신이 그 말을 써내었지,
그는 피로써 스스로를 '수장'으로 명명했지.
날씨가 어떻소?

그토록 상황을 거의 알지 못했던
수장 오레일리를 찬미하라
그는 퍼스와 코놀리에게 말했지
자신은 케리 주(州)에 사는 모든 이들이
그 미친 싸움에 끼지 않도록
자기 돈을 들이면서 애를 썼었다고.
그 자신은 거기에 있기 위해
밤을 거의 새워 왔었다고.
날씨가 어떻소?

'떠돌이라도 들었었던 것을 나는 듣지 못했었으니,
그 전갈을 몰라야 할 정도로
내가 그렇게 겁쟁이란 말이오?'

But for what some travelling man
Had heard I had not heard?'
Then on pearse and Connolly
He fixed a bitter look:
'Because I helped to wind the clock
I come to hear it strike.'
How goes the weather?

What remains to sing about
But of the death he met
Stretched under a doorway
Somewhere off Henry Street;
They that found him found upon
The door above his head
'Here died the O'Rahilly.
R.I.P.' writ in blood.
How goes the weather?

그러고 나서 그는
씁쓸한 눈길로 퍼스와 코놀리를
똑바로 쳐다보았지.
'내가 시계태엽을 감는 데 일조를 했으니
나는 시계 종 치는 소리를 들으러 왔소.'
날씨가 어떻소?

헨리가(街) 옆 골목 어딘가에 있는
어느 집 문간 아래에서 큰 대자로 뻗어
그가 맞이한 죽음에 대한 것을 빼면
그에 대하여 찬미할 무엇이 남아 있나.
그를 발견한 사람들은 그의 머리 위에 있던 문 위에
피로 쓰인
'여기서 죽다 오레일리가의 '수장' 오레일리.
영면하기를'을 발견했다.
날씨가 어떻소?

《해설》

오레일리(Michael O'Rahilly: 1875년 4월 22일～1916년 4월 29일)는 아일랜드 민족주의자이다. 오레일리는 부활절 봉기 계획에 대하여 미리 알지를 못하였다. 그러나 봉기가 임박했음을 알았을 때, 그는 이러한 준비되지 않은 일방적인 봉기는 패배로 이를 것이라고 생각하여 아일랜드의 남서부 지방인 케리(Kerry), 콜크(Cork), 리메릭(Limerick) 주(州)들을 돌아다니면서 사람들에게 봉기에 응하지 말라고 했다. 이런 이유로 부활절 봉기 때 더블린을 제외한 다른 지역에서는 봉기에 호응하는 움직임이 미약하였다. 그는 아일랜드 독립을 위한 무장봉기를 계획했으나, 이런 무대책 상태의 봉기를 할 생각은 없었다. 그래서 부활절 봉기의 지도자들인 퍼스와 코놀리는 의도적으로 오레일리에게 봉기 계획을 알리지 않았다. 이런 이유로 오레일리는 퍼스와 코놀리에게 씁쓸한 눈길을 던지는 것이다. 오레일리는 무의미한 희생을 막기 위하여 아일랜드 남서부 사람들이 봉기하는 것을 막았지만, 자신은, 자신이 계획하고 있었던 무장봉기와는 다르지만, 부활절 무장봉기에 참여하기 위하여 더블린의 봉기에 참가하였다. 그러므로 그는 '시계태엽을 감는 것(무장봉기 계획)에 일조했으니, 시계종 치는 것(무장봉기)을 보러온 것'이라고 말한다.

그는 부활절 봉기 기간인 1916년 4월 28일 금요일에 부활절 봉기의 지휘소인 더블린 중앙우체국에 불이 붙자 탈출로를 찾아 자원해 나섰다가 영국군의 기관총 집중사격을 받고 중상을 입었다. 응급구조대가 그를 구조하려고 하자 영국군 장교가 막아서서 그가 그대로 죽도록 내버려두었다. 영국군은 골칫덩어리인 오레일리가 스스로 죽기를 바라서 중상을 당한 오레일리를 그대로 내버려두었다.

헨리가(街)는 중앙우체국과 북쪽에서 접하는 거리 이름인데, 오레일리는 헨리가로 합류하는 무어가(Moore Lane)로부터 뻗어 나온 골목으로 지금은 오레일리가(O'Rahilly Parade)로 불리는 색빌가(Sackville Lan)에서 죽임을 당하였다. 목격자에 따르면, 그의 머리는 거리 쪽으로, 발은 어느 집 앞 돌계단에 걸쳐진 상태였다. 그는 죽기 전에 색빌가의 어느 집문 앞에 이 시에 나오는 마지막 글귀를 썼다. 게일 전통에서 한 집안의 수장은 성 앞에 정관사 'the'를 붙여서 불린다. 그가 오레일리가(家)의 수장이란 의미의 정관사 'the'를 그의 이름 앞에 붙인 것은 순전히 그의 생각이며 일반적으로 인정되지 않았다. 오레일리는 스스로 자신을 오레일리가의 수장이라고 명명했으니, 어떠한 박식한 역사학자라도 그것을 입증할 수는 없을 것이다.

부활절 봉기의 주도자들을 기념하기 위해 더블린 시 중앙우체국에 세워진 쿠훌린(Cú Chulainn) 상
(출처: Micheál Mac Liammóir and Eavan Boland. *W. B. Yeats*. Thames and Hudson. 1998. p. 88)

Come Gather Round Me, Parnellites

Come gather round me, Parnellites
And praise our chosen man;
Stand upright on your legs awhile,
Stand upright while you can,
For soon we lie where he is laid
And he is underground;
Come fill up all those glasses
And pass the bottle round.

And here's a cogent reason
And I have many more,
He fought the might of England
And saved the Irish poor,
Whatever good a farmer's got
He brought it all to pass;
And here's another reason,
That Parnell loved a lass.

And here's a final reason,
He was of such a kind
Every man that sings a song
Keeps Parnell in his mind

나에게로 모이시오, 파넬 추종자들이여

문혜원

나에게로 모이시오, 파넬 추종자들이여
우리가 선택한 이를 찬양하시오,
두 다리로 곧게 서서,
할 수 있는 한 곧게 서시요,
곧 우리도 그가 누운 곳에 누우리니
그는 땅속에 있소.
와서 이 잔들을 채우고,
술병을 돌리시오.

여기 합당한 이유가 있으니
내겐 더 많은 이유가 있다오,
그는 영국의 힘에 저항하였고
아일랜드의 가난한 이들을 구했다오,
농부의 소유 어떠한 것이라도
그는 모두 나눠 주었다오.
여기 또 다른 이유가 있으니,
파넬은 아가씨를 사랑했다오.

마지막 이유가 있으니,
그는 특별한 사람이었으니
노래를 부르는 이는 누구나
파넬을 그 가슴에 품었다오

For Parnell was a proud man,
No prouder trod the ground,
And a proud man's a lovely man
So pass the bottle round.

The Bishops and the Party
That tragic story made,
A husband that had sold his wife
And after that betrayed;
But stories that live longest
Are sung above the glass,
And Parnell loved his country
And Parnell loved his lass.

《해설》

찰스 스튜어트 파넬(Charles Stewart Parnell, 1846~1891)은 아일랜드 독립운동사에 큰 족적을 남긴 정치인이자 독립운동가이다. 독보적인 그의 정치적 입지는 10년 가까이 내연 관계를 유지해 오던 캐서린 오세이(Katharine O'Shea)의 이혼재판으로 인해 그 빛을 잃게 되었다. 이 시에서 예이츠는 아일랜드의 전설적인 영웅 쿠훌린의 현대적 체현으로 자신이 숭앙했던 파넬의 죽음과 그에 대한 추모를 담고 있다. 제27행에 등장하는 '아내를 팔아버린 남편'은 캐서린의 남편 헨리 오세이(William Henry O'Shea, 1840~1905) 대위를 가리킨다. 예이츠는 Essays: 1931~1936의 「파넬」("Parnell")이란 글에서, 아일랜드 민족주의자인 헨리 해리슨(Henry

파넬은 자부심이 강한 이였으니,
그보다 더 자부심이 강한 이는 없었다오,
자부심 강한 그는 멋진 이였으니
술병을 돌리시오.

주교들과 정당
그 비극적 이야기가 만들어낸,
자기 아내를 팔아버린 남편
그리고 그 후에 배반한;
그러나 가장 장수한 이야기는
술잔 위에서 노래되네,
그리고 파넬은 조국을 사랑했고
그리고 파넬은 아가씨를 사랑했네.

Harrison, 1867~1954)의 『파넬은 정당했다—베일을 들추며』(*Parnell Vindicated: The Lifting of the Veil*)에서의 주장을 소상히 소개하고 있다. 해리슨은 이 책에서 파넬의 정치적 파멸을 부른 이 재판을 자세히 설명하면서, 오세이 대위가 처음부터 파넬과 자신의 아내의 관계를 알고 있었으며, 파넬이 2만 파운드의 돈만 지불한다면, 재판을 굳이 걸 생각도 없었다고 말하면서, 결국 오세이 대위 자신이 아내를 돈으로 팔았다고 기술하고 있다. 결국 파넬을 가정파괴범으로 매도한 이혼소송은 오세이의 승소로 끝이 나고, 이후 파넬은 정치적 추락을 겪게 된다. 예이츠는 이러한 정치적 흥망성쇠를 겪은 파넬을 추모하면서, 인생의 영욕에도 불구하고 민족의 영웅으로 영원히 남은 파넬의 애국심과 그의 조국에 대한 충정을 찬양하고 있다.

The Wild Old Wicked Man

'Because I am mad about women
I am mad about the hills,'
Said that wild old wicked man
Who travels where God wills.
'Not to die on the straw at home.
Those hands to close these eyes,
That is all I ask, my dear,
From the old man in the skies.'
Day-break and a candle end.

'Kind are all your words, my dear,
Do not the rest withhold.
Who can know the year, my dear,
when an old man's blood grows cold?
I have what no young man can have
Because he loves too much.
Words I have that can pierce the heart,
But what can he do but touch?'
Day-break and a candle end.

Then Said she to that wild old man,
His stout stick under his hand,

거칠고 사악한 노인

유배균

'나는 여자들에 미쳤기 때문에
언덕에 미쳤다.
정처 없이 떠돌아다니는
그 거칠고 사악한 노인이 말했다
집에서 짚더미 위에서 죽지 않게 하고
이 두 눈을 감길 손들
이보게 처자, 내가 하늘의 노인에게 요구하는 건
이것이 전부라네.'

동틀 무렵과 다 꺼져가는 촛불

'이보게 처자, 당신의 말이 친절하구만
나머지도 꺼내 놓지 그래
노인의 피가 식으면
세월을 알게 된다네, 처자.
난 젊은이가 가질 수 없는 것도 가지고 있다네
왜냐하면 그는 너무 사랑을 많이 하지
난 심장을 꿰뚫을 수 있는 말을 갖고 있지
그러나 젊은이는 만지는 거 이외에 무얼 하겠나?'

동틀 무렵과 다 꺼져가는 촛불

그러자 처자는 그 거칠고 사악한 노인에게 말했다.
그의 손에는 묵직한 지팡이가 들려 있었다.

'Love to give or to withhold
Is not at my command.
I gave it all to an older man
That old man in the skies.
Hands that are busy with His beads
Can never close those eyes.'
Day-break and a candle end.

'Go your ways, O go your ways,
I choose another mark,
Girls down on the seashore
Who understand the dark;
Bawdy talk for the fishermen;
A dance for the fisher-lads;
When dark hangs upon the water
They turn down their beds.'
Day-break and a candle end.

'A young man in the dark am I
But a wild old man in the light
That can make a cat laugh, or
Can touch by mother wit
Things hid in their marrow bones
From time long passed away,
Hid from all those warty lads

'사랑을 주건 안 주건
이건 제 맘대로 하지 못해요.
난 제 사랑을 하늘에 있는
더 늙은 사람에게 주었답니다.
염주 때문에 손이 바빠
그 두 눈을 결코 감기지 못할 겁니다.'

동틀 무렵과 다 꺼져가는 촛불

'맘대로 해, 맘대로 해
다른 표적을 찾겠어.
밤을 이해하는
바닷가에 저쪽의 소녀들
어부들을 위한 음담
고기 낚는 청년들을 위한 춤
어둠이 물 위에 드리울 때
그들은 잠자리에 든다.'

동틀 무렵과 다 꺼져가는 촛불

'어둠 속에서는 젊은이가 되는 나
빛으로 나오면 거친 노인이 되지
고양이도 웃길 수 있고
어머니의 지혜로
아주 옛날부터
그들의 육체 옆에 누워 있는
여드름투성이의 청년들은 모르는

That by their bodies lay.'
Day-break and a candle end.

'All men live in suffering,
I know as few can know,
Whether they take the upper road
Or stay content on the low,
Rower bent in his row-boat
Or weaver bent at his loom,
Horseman erect upon horseback
Or child hid in the womb.'
Day-break and a candle end.

'That some stream of lightning
From the old man in the skies
Can burn out that suffering
No right-taught man denies.
But a coarse old man am I,
I choose the second-best,
I forget it all awhile
Upon a woman's breast.'
Day-break and a candle end.

그들의 골수 속에 감추어진 것들을 만질 수 있고.'

동틀 무렵과 다 꺼져가는 촛불

'모든 사람들은 고통 속에서 살고
난 아무도 모르는 사실을 알고,
그들이 윗길을 가든
아니면 낮은 길에서 만족을 하든,
노 젓는 이가 그의 배 안에서 굽히고 있건
베 짜는 이가 그의 베틀 위에서 굽히고 있건,
말 타는 이가 말 잔등 위에서 꼿꼿이 있건
아니면 자궁 속에서 아이가 감추어져 있건.'

동틀 무렵과 다 꺼져가는 촛불

'하늘의 노인으로부터 나온
빛줄기가
올바르게 배운 남자가 부정할 수 없는
그 고통을 태워 버린다.
그러나 추잡한 늙은이인 나
차선을 선택한다
그것을 잠시 모두 잊어버리리
여인의 젖가슴 위에서.'

동틀 무렵과 다 꺼져가는 촛불

《해설》

예이츠가 죽기 1년 전인 1938년 5월에 발간된 『새 시들』(*New Poems*)에 수록된 시이다.

시 속의 주인공은 정처 없이 세상을 떠도는 음유시인으로 예이츠와 동일시할 수는 없으나 여러모로 예이츠의 마스크 역할을 하고 있는 것으로 보인다. 시를 쓸 당시 예이츠가 병석에 누워 간호를 받은 사실을 상기하면 예이츠 자신이 시 속 노인의 이승에서의 마지막 기도의 심정을 누구보다도 더 잘 이해하고 있으리라는 생각이 든다. 또한 시의 도처에 숨어 꿈틀거리는 노인의 성적인 욕구는 1년 남은 본인의 죽음을 예견한 시인의 놓기 싫은 생에 대한 미련의 또 다른 형태의 표현이 아닌가 한다.

시는 노인이 여자에 미쳤다는 말로 시작한다. 두 번째 줄의 언덕에 미쳤다는 말은 언덕이 여자의 육체적 형상을 닮은 것을 생각해 보면 노인의 욕망은 곧 육체적인 열망임을 알 수 있다. 이승에서의 마지막 기도—("집에서 짚더미 위에서 죽지 않게 하고 / 내가 요구하는 건 내 두 눈을 감게 할 손뿐이라오")—를 하고 있는 노인의 처지를 생각해 보면 계속 반복되는 후렴구인 "동틀 무렵과 다 꺼져가는 촛불"은 이승에서의 얼마 안 남은 노인의 생을 연상케 한다.

두 번째 연은 "친절하기도 하지, 처자 / 나머지도 내놓지 그래"로 시작하는데 여기에서 나머지는 직접적인 언급을 피하였으나 육체적인 관계를 요구하는 말로 짐작이 된다. 그 자신은 사랑만하고 만지기만 하는 젊은이와 비교해 심장을 꿰뚫는 언사("Words I have that can pierce the heart")를 갖고 있노라고 유혹을 한다.

그러나 이 시에서 단 한 번 등장하여 대답하는 경건한 여자의 대답이 세 번째 연의 주된 내용이다. 여기에 언급된 "His stout stick under his hand"는 일견 노인의 지팡이로 보이지만 앞뒤 문맥간 대화의 흐름을 보면 노인의 성기를 상징하는 은유로 보인다. 이 여인은 자신의 사랑은 하늘의 노인 즉 신에게 다 주었다고 말하면서 노인의 요구를 거절한다. 그러나 노인은 한번 사로잡힌 성적인 욕망으로부터 벗어날 줄을 모른다. 다른 상대를 찾겠다고 이야기한 후("I choose another mark") 자신은 성적인 그리고 지적인 능력을 모두 겸비했노라고 자랑을 한다. 그래서 자신은 어둠 속에서는 젊은이("A young man in the dark am I"), 즉 밤에는 청년같이 행동하지만 낮에는 거칠고 사악한 노인이라고("But a wild old man in the light") 말하며 자신은 고양이도 웃길 수 있고 육체적인 행동 밖에 모르는 젊은이들은 절대로 모르는 것들을 어머니 같은 자신의 지혜로 접촉할 수 있노라고 떠벌인다.

다음 연에서 인간들은 모두 — 상류층이건 하류층이건 놀고 있건 일하건 어른이건 아기이건 — 고통 속에서 살고 있노라는 비극적인 인생관을 피력한 후 마지막 연에서 그는 이 고통은 오로지 하늘의 신만이 없앨 수 있다고 말한다. 그러나 자신은 추잡하고 거친 야생의 늙은이이므로 차선을 선택, 즉 여인의 가슴 위에서 모든 것을 잊어버리겠노라고 공언하며 시를 마무리한다.

The Great Day

Hurrah for revolution and more cannon-shot!
A beggar upon horseback lashes a beggar on foot.
Hurrah for revolution and cannon come again!
The beggars have changed places, but the lash goes on.

위대한 날

유배균

혁명 만세 그리고 더 많은 대포가 발사되었다
말 탄 거지가 걸어가는 거지에게 채찍질을 한다
혁명 만세 그리고 대포가 다시 발사된다
거지들은 자리를 바꿨지만 채찍질은 계속된다.

《해설》

정치적 혁명에 대한 부정적인 예이츠의 견해가 잘 드러나 있다. 사람들이 원하는 혁명이 이루어졌지만 달라진 거라곤 계속되는 대포 소리뿐이다. 또한 혁명의 결과 알맹이는 그대로인 채 신분이 바뀌었지만 국민들의 고통은 계속될 뿐이다.

Parnell

Parnell came down the road, he said to a cheering man:
'Ireland shall get her freedom and you still break stone.'

파넬

유배균

파넬이 도로를 따라왔다, 그는 열광하는 남자에게 말했다.
아일랜드는 자유를 얻을 것이고 당신은 계속 돌을 부술 것이요.

《해설》

파넬은 아일랜드의 자치 즉 'Home Rule'을 원했던 1800년대 말 아일랜드 정치사에 가장 중요한 인물 중의 한 명이다. 이 짧은 풍자시(Epigram)에서 파넬은 자유는 끝없는 투쟁을 불러일으킨다는 견해를 밝히고 있다. 정치적·역사적 진보는 환상에 불과하다는 의미로 여겨진다.

What Was Lost

I sing what was lost and dread what was won,
I walk in a battle fought over again,
My king a lost king, and lost soldiers my men;
Feet to the Rising and Setting may run
They always beat on the same small stone.

《해설》

이 시는 1938년 『새 시들』(*New Poems*)에 실린 작품이다. 이 시에서 전쟁은 개인이 일생 동안 겪는 개인적 삶의 전투를 의미하기도 하지만, 그와 동시에 아일랜드가 겪은 식민통치와 독립전쟁의 아픔을 은유하고 있다.

오랜 기간 동안 반복된 전쟁은 수많은 병사들의 희생을 초래하였으며, 시 속의 왕 찰스 파넬(Charles Parnell)은 결국 실패한 왕으로 정치적 몰락을 겪는다. 매일 반복되는 일출과 일몰처럼 우리의 삶도 인생의 성쇠고락을 겪고, 우리의 발도 여전히 똑같은 작은 돌에 부딪힌다는 이 시의 마지막 행은 일상 속에서 사사롭게 반복되는 삶의 허무함을 상징한다.

잃은 것

문혜원

잃은 것을 찬미하고 얻은 것을 두려워하며,
거듭되는 전투 속을 나는 행군한다.
나의 왕은 패배한 왕, 나의 부하는 패배한 병사.
영고성쇠를 향해 발길은 치닫는데
언제나 같은 작은 돌에 부딪힌다.

예이츠는 같은 시집에 실린 「파넬」("Parnell")이라는 작품에서 파넬을 향해 환호하는 군중에게 "아일랜드는 독립을 얻을 것이고 당신은 여전히 돌을 깰 것이다"라고 말하면서, 다시 한 번 '돌'의 이미지를 차용하고 있다.

The Spur

You think it horrible that lust and rage
Should dance attendance upon my old age;
They were not such a plague when I was young;
What else have I to spur me into song?

《해설》

후기 시에서 그는 자신의 성적욕망과 분노를 분석하는 많은 시를 쓴다. 이 시는 1936년 10월 7일 쓴 시로 1938년 3월 『런던 머큐리』(*London Mercury*) 에 처음 등장했다. 예이츠는 도로시 웰즐리에게 보낸 1936년 12월 9일 편지에 이 시를 그의 '마지막 변호(final apology)라 하면서 동봉했다. 12월 4일자 편지엔 다음과 같은 언급이 있다. "이 모든 것을 용서하소서 내가 당신께 이미 말했듯이 내 시는 분노와 색욕으로부터 옵니다."(Forgive all this my dear but I have told you that my poetry all comes from rage or lust.)

박차

홍성숙

그대는 욕망과 분노로 내 늙은 나이가
춤추고 수발돼야만 하는 것을
끔찍하다고 생각하겠지.
그것은 내 젊었을 때는 그리 대단한 열병은 아니었었지.
그 밖의 무엇으로 내 자신에게 박차를 가해 노래해야만 하나?

그리고 1936년 12월 11일자 에델 매닌(Ethel Mannin)의 편지 서문에도 같은 표현이 나온다. "어떤 것이 날 미치게 몰아가서 내 언어를 통제하지 못하게 한다."(Certain things drive me mad and I lose control of my tongue.)고. 이 시에서 화자의 기독교적 문명인과 이교도적인 자유인으로의 갈등이 마침내 이교적인 자유인으로 귀착되고 있음이 드러난다. 한편 노년이 된 예이츠에게서 시를 쓰게 한 에너지는 프로이드가 말한 것처럼 성적욕망임이 증명된다.

A Drunken Man's Praise of Sobriety

Come swish around, my pretty punk,
And keep me dancing still
That I may stay a sober man
Although I drink my fill.
Sobriety is a jewel
That I do much adore;
And therefore keep me dancing
Though drunkards lie and snore.
O mind your feet, O mind your feet,
Keep dancing like a wave,
And under every dancer
A dead man in his grave.
No ups and downs, my pretty,
A mermaid, not a punk;
A drunkard is a dead man,
And all dead men are drunk.

취한 자의 취하지 않음에 대한 칭찬

채규상

휙 돌아서요, 귀여운 이여!
그리고 계속 나를 춤추게 해요,
마음껏 마셨지만
취하진 않게 머물도록.
술에 취하지 않음은 보석,
내가 그토록 귀히 여기는 보석이지요.
그러니, 나를 계속 춤추게 해요,
비록 주정뱅이들이 누워 코를 골지만.
아, 발 조심, 발 조심!
그러나 파도처럼 계속 춤을 추어요.
그리고 모든 춤꾼 발아래,
죽은 자의 무덤.
귀여운 자여! 위아래로 흔들지 말아요.
겁쟁이가 아니고, 인어처럼.
취한 자는 죽은 자이고,
모든 죽은 자는 취해 있으니까.

《해설》

이 시는 『최후의 시들』(*Last Poems*)의 전반부 『새 시들』(*New Poems*, 1938)에 처음 등장한다. 이 시에서 "술에 취한다"는 것은 "비극적 기쁨"(tragic joy)을 느끼며 삶의 지혜를 터득한 상태를 상징적으로 표현하고 있다. '술 취함'과 '술 취하지 않음'은 역설적이다. 가치가 전도되고 지혜를 모르면서 미쳐 돌아가는 세상에서 술 취하지 않은 제정신으로 살아가는 것은 역설적으로 진정한 의미의 제정신을 갖고 살아가는 것이 아니다.

또한, 화자는 죽음을 잠시 술에 취해있는 상태로 여김으로써 죽음에 대한 진실도 터득하고 있다. 예이츠는 『비전』(*A Vision*)에서 죽은 영혼은 환생할 때까지 잠시 술에 취한 것처럼 혼돈 또는 망각의 상태에 거하게 된다고 밝히고 있다. 『비전』의 에필로그로 쓰인 "All Souls' Night"에서는, 화자가 고귀하고 지혜로운 예이츠의 친구들의 영혼들이, 술잔에서 올라오는 술의 향기에 취해 보라고 말한다. 즉, 진실하고 놀라운 지혜는 'sober ear'를 위한 것이 아니다.

이 시에서도, 술에 취함은, 삶과 죽음의 진실을 터득하여 지혜로운 자가 되었을 때의 상태를 상징적으로 표현한 시적 장치이다.

BBC 스튜디오에서 방송하고 있는 예이츠(1937년)

(출처: Micheál Mac Liammóir and Eavan Boland. *W. B. Yeats*. Thames and Hudson. 1998. p. 122)

The Pilgrim

I fasted for some forty days on bread and buttermilk,
For passing round the bottle with girls in rags or silk,
In country shawl or Paris cloak, had put my wits astray,
And what's the good of women, for all that they can say
Is fol de rol de rolly O.

Round Lough Derg's holy island I went upon the stones,
I prayed at all the Stations upon my matrow-bones,
And there I found an old man, and though, I prayed all
day
And that old man beside me, nothing would he say
But fol de rol de rolly O.

All know that all the dead in the world about that place
are stuck,
And that should mother seek her son she'd have but little
luck
Because the fires of purgatory have ate their shapes away;
I swear to God I questioned them, and all they had to say
Was fol de rol de rolly O.

순례자

김영민

40일 가량 빵과 버터밀크를 먹고 금식을 했었지,
왜냐하면 남루한 옷이나 실크를 입은 여자애들,
촌스런 숄이나 파리의 멋쟁이들이 입는 망토를 입은 여자애들과
술병이나 돌리며 지냈던 일들이 나의 정신을 얼빠지게 하였기
때문에.
여자가 다 무슨 소용이람. 여자애들이 말할 수 있었던 것은 오직
"폴 디 롤 디 롤리 오"

락 더그 호수의 성스러운 섬을 돌아 나는 돌무덤으로 갔었지.
골수를 쪼개듯 나는 기도장소마다 멈추어 기도를 했지.
거기서 나는 한 노인을 만났는데, 하루 종일 기도했고
그 노인이 내 옆에서 있었지만, 한마디도 없이. 단지 한 말이라고는
"폴 디 롤 디 롤리 오"

그곳 주변의 세상에서 죽은 모든 사람들이 갇혀 있다는 사실을
모두 알고 있지.
그리고 어머니가 아들을 원한다고 해도 운이 다가오지 않는다는
사실을 알지.
왜냐하면 연옥의 불길이 죽은 자들의 형상을 먹어치웠기 때문에.
하나님께 맹세코 그들에게 물어보았다. 그리고 그들이 했던 말은
단지
"폴 디 롤 디 롤리 오"

A great black ragged bird appeared when I was in the boat;
Some twenty feet from tip to tip had it stretched rightly out,
With flopping and with flapping it made a great display,
But I never stopped to question, what could the boatman say
But fol de rol de rolly O.

Now I am in the public-house and lean upon the wall,
So come in rags or come in silk, in cloak or country shawl,
And come with learned lovers or with what men you may,
For I can put the whole lot down, and all I have to say
Is fol de rol de rolly O.

《해설》

이 시 「순례자」는 예이츠가 72세가 되던 1937년 10월에 쓰였다. 인생의 노년 길에서 예이츠는 지나온 자신의 여정을 돌이켜보며 순례자의 길을 생각해 보고 있다.

이 시는 믿음의 상실에 대한 시라고 할 수 있는데, 각 연마다 그러한 좌절과 실망이 담겨 있다. 그러나 "인생은 한여름 밤의 꿈과 같이 하찮은 것"이라는 난센스 의미의 "폴 디 롤 디 롤리 오"의 후렴을 통해 역설적으로 마무리 짓는다.

내가 배에 탔을 때 커다란 텁수룩한 검은 새가 나타났지.
발끝에서 머리끝까지 20피트 정도 곧게 쭉 뻗은 모습으로.
그 새는 날개를 퍼덕 펄럭이면서 장관을 펼쳤지.
그러나 나는 결코 질문을 멈추지 않았다. 선원이 무슨 말을 할 수 있을까? 다만
"폴 디 롤 디 롤리 오" 말고는.

이제 나는 술집에서 벽에 기대어 있다.
그러니 남루한 옷을 입고, 아니면 실크를 입고, 망토나 촌스런 숄을 입고도 오라.
그리고 박식한 연인과 함께 아니면 누구나 원하는 사람과 함께 오라.
왜냐하면 내가 그 모두를 잠잠케 하리라, 그리고 내가 할 말이라고는
"폴 디 롤 디 롤리 오" 일뿐.

제1연에서는 여자, 제2연에서는 나이, 제3연에서는 죽음 이후의 삶, 제4연에서는 불길한 전조(omen)에 대한 형상화가 그려져 있고, 제5연에서는 체념 가운데서 믿음의 상실과 인생의 의미를 새로이 조명하고 있다. 결국 인간의 삶은 자신의 의지로는 완성시킬 수 없고, 오히려 순례자로서의 여정 자체에 새로운 의미가 담기는 5번의 반복적이지만 그때마다 새로운 의미를 창출하는 "폴 디 롤 디 롤리 오"의 시학을 제시하고 있다.

제1연에서 화자는 인생의 여정에서 자신의 젊은 시절 탐닉했던 시골과 도시에서의 여성편력을 제시하며, 방탕했던 자신의 과거를 돌이켜보며 얼빠지고 생각이 없었던 지난날을 회고한다. 여자들이란 공통적으로 "될 대로 되라"(que sera sera) 식의 "폴 디 롤 디 롤리 오" 말만 할 뿐, 자신을 지혜롭게 현명하게 살게 하는데 도움을 주지 못했다는 점을 회고하면서, 화자는 "여자가 다 무슨 소용이람"이라고 지난날을 후회하고 있다. 그러나 지금은 40일 금식을 하겠다는 결심을 하는 순례자의 모습이 드러나고 있다. 그러면서도 빵과 버터밀크를 먹으면서 금식을 하겠다는 코믹한 면이 보인다.

제2연에서는 예이츠 자신의 이니스프리의 호수로 알려져 있는 락더그(Lough Derg) 호수의 성스러운 섬을 돌아 돌무덤으로 만들어 놓은 기도장소로 가서, 지난날을 회개하는 마음으로 화자는 진정한 기도를 드리려고 한다. 그런데 그 기도장소에 한 노인을 만나는데, 화자가 하루 종일 기도하는 동안 옆에 서서 함께 있으면서 이 노인은 단지 한 마디, "폴 디 롤 디 롤리 오"만 말할 뿐이다.

제3연에서 화자는 죽음 이후의 삶에 대하여 명상한다. 살다가 죽은 모든 영들은 예이츠의 『비전』에서 구체적으로 제시하였듯이 삶에 애착을 가지고 삶을 떠나지 못하고 여전히 연옥의 상태에서 불길에 갇혀 있는 상태에 놓여 있다. 예를 들어 아들을 낳고자 소망하는 어머니의 염원도 이루어지지 못한 채, 인간은 죽을 운명에 처해 있으면서도, 모두가 자신만의 욕망에 가두어진 채 살아가듯이, 죽어서도 삶을 떠나지 못하는 영들에게 물어보면 한결같이 그들도 "폴 디 롤 디 롤리 오"라는 말만 한다.

제4연에서는 불길한 전조(omen)가 검은 커다란 새의 등장으로 형상화된다. 성스러운 섬에서 기도를 마치고 배를 탄 화자에게 "발끝에서 머리끝까지 20피트 정도 곧게 쭉 뻗은 모습"의 "커다란 텁수룩한 검은 새"가 "날개를 퍼덕 펄럭이면서 장관을" 펼치면 나타난다.

그러나 화자는 배를 몰고 가는 선원이라는 타자의 입장에서 "선원이라면 무슨 말을 할 수 있을까?"라고 지속적인 질문을 던져 본다. 그 선원도 다른 경우와 마찬가지로 "폴 디 롤 디 롤리 오"라고 되풀이 할 뿐.

이 시에서 각 연마다 후렴, "폴 디 롤 디 롤리 오"가 반복되는데, 특별한 의미 없이 우리 식으로 말하면 "이래도 한 세상, 저래도 한 세상" 식의 난센스의 후렴이다. 영시에서 발라드와 짧은 연가에 자주 등장하는 후렴인 "폴 디 롤"(fol de rol)은 「비난받는 미치광이 제인순례자」("Crazy Jane Reproved")에도 등장한다. 이 시에서 예이츠는 72세의 노년 길에서 지난 인생을 반추해 보면서 순례자의 길을 기억을 통해 더듬어가고 있다. 순례자는 믿음으로 살지 못한 지난날에 대한 좌절과 실망을 기도를 통해 회개하여 상실되었던 믿음을 역설적으로 자조적으로 재구성하고 있다.

특히 제2연은 마지막 제5연을 예비하면서 제2연에서 "그들이 말할 수 있었던 말"이 제5연의 "선원이 말할 수 있는 말"로 대체되면서, 순례자는 더 이상 대답을 구하는 것 보다는, 오히려 "나는 결코 질문을 멈추지 않았다"에서 보는 것같이 질문하는 행위에 초점을 맞추어 순례자의 본래적 의미를 제시하고 있다. 제5연에서 화자는 처음 출발했던 술집으로 다시 돌아와 이제는 자기 자신의 지친 어조로 그러나 새로운 의미로 탄생되는 난센스 후렴 "폴 디 롤 디 롤리 오"를 제시하고 있다. 이 후렴은 이제 화자 자신의 실망과 체념의 깨달음이다.

Colonel Martin[1)]

I

The Colonel went out sailing,
He spoke with Turk and Jew,
With Christian and with Infidel,
For all tongues he knew.
'O what's a wifeless man?' said he,
And he came sailing home.
He rose the latch and went upstairs
And found an empty room.
The Colonel went out sailing.

II

'I kept her much in the country
And she was much alone,
And though she may be there,' he said,
'She may be in the town.
She may be all alone there,
For who can say?' he said.
'I think that I shall find her
In a young man's bed.'

---

1) Colonel Martin: 마틴 대령(Richard Martin, 1754~1834). 골웨이(Galway) 주(county)의 국회의원(MP), 치안판사(JP), 주지사(High Sheriff) 겸 골웨이 의용군 대령.

마틴 대령[1]

윤기호

I

대령은 항해를 떠났네.
그는 터키 사람과도 유대인하고도
기독교인과도 이교도와도 이야기를 나누었네.
모든 언어를 알았기 때문에.
'오, 마누라 없는 남자란 뭐란 말인가?'라고 말하면서
그는 배를 몰고 집으로 왔네.
그가 빗장을 벗기고 침실로 올라가보니
방이 텅 비어있었네.
대령은 항해를 떠났네.

II

'마누라를 시골에 너무 처박아두었으니
매우 외로웠을 거야
그래도 시골에 그대로 있겠지.' 대령은 말했네.
'읍내 나가 있을 거야
읍내에서도 무척 외로울지 몰라
누가 말해 줄 수 있겠나?' 대령은 말했네.
'내 생각엔 마누라를 젊은 사내의 침대에서
찾아야 할 것 같아.'

1777년에 결혼, 1796년 재혼. 결투자(duelllist)로도 유명했다.

The Colonel went out sailing.

III

The Colonel met a pedlar,
Agreed their clothes to swop,
And bought the grandest jewelry
In a Galway shop,
Instead of thread and needle
Put jewelry in the pack,
Bound a thong about his hand,
Hitched it on his back.
The Colonel went out sailing.

IV

The Colonel knocked on the rich man's door,
'I am sorry,' said the maid,
'My mistress cannot see these things,
But she is still abed,
And never have I looked upon
Jewelry so grand.'
'Take all to your mistress,'
And he laid them on her hand.
The Colonel went out sailing.

대령은 항해를 떠났네.

III

대령은 행상인을 만나
서로의 옷을 바꿔 입기로 합의하고서
골웨이 상점에서
호화찬란한 보석을 샀네.
행상 보따리에
실과 바늘 대신에 보석을 집어넣고
한 손에 가죽 끈을 동여매고
보따리를 등에 걸쳤네.
대령은 항해를 떠났네.

IV

대령은 부잣집 대문을 두들겼네.
'죄송하지만,' 하녀가 말했네.
'마님은 이 물건들을 보실 수가 없어요.
아직 주무시거든요.
하지만 이처럼 호화로운 보석은
본 적이 없네요.'
'몽땅 마님께 갖다 드리세요.'
그는 보석을 하녀 손에 건네주었네.
대령은 항해를 떠났네.

V

And he went in and she went on
And both climbed up the stair,
And O he was a clever man,
For he his slippers wore.
And when they came to the top stair
He ran on ahead,
His wife he found and the rich man[2)]
In the comfort of a bed.
The Colonel went out sailing.

VI

The Judge at the Assize Court[3)],
When he heard that story told,
Awarded him for damages[4)]
Three kegs of gold.
The Colonel said to Tom his man,
'Harness an ass and cart,
Carry the gold about the town,
Throw it in every part.'
The Colonel went out sailing.

---

2) the rich man: 부자 사내놈. 런던의 부자 John Petrie를 가리킴.
3) Assize Court: 아시즈 법정. 골웨이 주의 예심 법정. 이 사건은 1797년 런던에서

V

그리고 대령은 집 안으로 들어가서 하녀를 뒤따랐네.
둘은 계단을 올라갔는데
오, 대령은 영리한 사람인지라
가지고 간 실내화로 갈아 신었네.
두 사람이 맨 위 계단에 왔을 때
대령은 앞서 달려 들어가서
마누라와 부자 사내놈[2]을 찾아냈네.
안락한 침대 속에서.
대령은 항해를 떠났네.

VI

아시즈 법정[3]의 판사는
사건의 경위를 듣고 나서
손해배상금[4]으로 대령에게
금화 세 통을 주라고 판결했네.
대령은 부하 톰에게 지시했네.
'나귀를 수레에 매어
이 금화를 읍내로 싣고 가서
골고루 뿌리게나.'
대령은 항해를 떠났네.

최종 재판에 회부되었다.
4) 손해배상금(damages): 당시 대령이 받은 손해배상금은 10,000 파운드였다.

VII

And there at all street-corners
A man with a pistol stood,
And the rich man had paid them well
To shoot the Colonel dead;
But they threw down their pistols
And all men heard them swear
That they could never shoot a man
Did all that for the poor.
The Colonel went out sailing.

VIII

'And did you keep no gold, Tom?
You had three kegs,' said he.
'I never thought of that, Sir.'
'Then want before you die.'
And want he did; for my own grand-dad
Saw the story's end,
And Tom make out a living
From the seaweed[5] on the strand.
The Colonel went out sailing.

---

5) from the seaweed: 해초를 건져. 당시 해초는 식용 또는 비료로 사용되었으므로 해초를 모아 팔았다. 아일랜드 서부에서는 아직도 해초를 비료로 사용하고 있다.

VII

그러자 길모퉁이마다
권총을 든 사내가 서 있었네.
그 부자가 대령을 쏘아 죽이라고
사내들에게 돈을 듬뿍 쥐어준 거라네.
하지만 사내들은 권총을 내던져 버렸네.
가난한 이들을 위해
그런 일을 한 사람을 결코 쏠 수 없었노라고
사내들이 맹세하는 말을
모두가 들었네.
대령은 항해를 떠났네.

VIII

'톰, 남은 금화는 없었나?
세 통이나 있었는데' 대령이 말했네.
'그 생각은 까맣게 못했네요, 대령님.'
'그렇다면 궁색하게 살다 죽겠군.'
실제로 그는 궁색하게 살았네.
우리 할아버지가 이야기의 결말을 지켜보았는데
톰은 바닷가에서 해초를 건져[5)]
생계를 꾸려나갔다네.
대령은 항해를 떠났네.

《해설》

마틴 대령의 부인에 관한 일화는 골웨이 지방에 널리 알려진 흥미로운 이야기로서 예이츠는 일찍이 1910년 극예술에 있어서 개성(personality)의 가치에 대한 강의를 하면서 한 예로 사용한 적이 있다. 이 강연과 이 이야기를 바탕으로 1935년에 쓴 이 발라드(ballad)에서 마틴 대령은 독특한 개성으로 승리하고 있다. 예이츠는 대령의 그런 행동은 예술가에게 인간에 관한 통찰력을 준다고 생각했다.

1890년대 골웨이 지방의 아란 섬들
(출처: Micheál Mac Liammóir and Eavan Boland. *W. B. Yeats*. Thames and Hudson. 1998. p. 75)

슬라이고 지방의 항구

"잡은 물고기 장에 내다 팔려
통발 실은 손수레는 무던히도 흔들렸지.
그땐 어린 시절, 마음에 아픔 하나 없었지."
"for many a creak gave the creel in the cart
That carried the take to Sligo town to be sold,
When I was a boy with never a crack in my heart."
("The Meditation of the Old Fisherman")

(출처: Micheál Mac Liammóir and Eavan Boland. *W. B. Yeats*. Thames and Hudson. 1998. p. 15)

A Model For The Laureate

On thrones from China to Peru
All sorts of kings have sat
That men and women of all sorts
proclaimed both good and great;
And what's the odds if such as these
For reason of the State
Should keep their lovers waiting,
        Keep their lovers waiting?

Some boast of beggar-kings and kings
Of rascals black and white
That rule because a strong right arm
Puts all men in a fright,
And drunk or sober live at ease
Where none gainsay their right,
And keep their lovers waiting,
        Keep their lovers waiting.

The Muse is mute when public men
Applaud a modern throne:
Those cheers that can be bought or sold,
That office fools have run,

월계관의 전형

김영민

선남선녀가 멋지고 위대하다고
이구동성으로 주장한
중국에서 페루까지의 왕좌에
열왕들이 앉았다.
이러한 열왕들이 만일 국가대사로
자신들의 연인들을 기다리게 한다면
어떤 일이 벌어질까?
그들의 연인들을 기다리게 한다면.

어떤 이들은 힘센 오른 팔로 모든 사람들을
두려움에 떨게 하며
지배하고 있는 거지 왕과
흑인 백인 부랑배들을 자랑하고 있으며,
또 어떤 이들은 취한 사람이든 말짱한 사람이든
아무도 자신들의 권리를 부인할 수 없는 곳에서 편한 마음으로
  살면서,
자신들의 연인을 기다리며
또 자신들의 연인을 기다리고 있다.

공인들이 새 시대의 왕권에 박수갈채를 보낼 때
뮤즈는 입을 다문다.
사고 팔수 있는 그러한 갈채,

That waxen seal, that signature.
For things like these what decent man
Would keep his lover waiting,
    Keep his lover waiting?

《해설》

이 시는 1937년 7월에 쓰였다. 영국의 계관시인(Poet Laureate)은 공식적 모임에서 시를 쓰게 되어 있는데, 처음 「결혼법」(“A Marriage Code”)이라고 제목을 부쳤는데, 영국의 에드워드 8세 퇴위식을 위해 지은 시이다. 이 시는 사무엘 존슨(Samuel Johnson)의 『인간 욕망의 공허』(*The Vanity of Human Wishes*)의 서두에 인간 욕망의 허망함을 중국에서 페루까지 폭넓게 바라보자는 시구에서 시작하여 헛된 욕망에 대한 쟁점을 던지는 시이다.

제1연에서 공식적인 일정으로 세계 각국의 왕들은 국가 대사로 바쁜 일정을 보낸다. 그런데 만일 애인을 기다리게 하는 경우와 공식일정의 국가 대사를 동시에 치러야 할 때, 과연 어떤 것을 우선순위로 잡아야 할지의 화두를 화자는 던진다.

제2연에서는 한편으로는 권력의 암투 속에서 무력으로 공포로 상대방을 제압하는 세계를 화자는 제시하고 있고, 다른 한편으로는 자신의

어리석은 이들이 담당하는 공직,
밀랍으로 만든 봉인, 그 서명.
이러한 모든 것에도 불구하고 어떤 점잖은 사람이
자기 연인을 기다리게 할 수 있을까?
자기 애인을 기다리게 할 수가.

권리와 평온을 찾아 애인과의 다정하고도 은밀한 만남을 생각하여 조용히 기다림의 세계를 제시하고 있다.

제3연에서는 개인이라기보다는 공인으로서 새로운 왕좌에 오르게 되는 왕들은 시적인 뮤즈의 대상이 되지 못한다. 제왕들에 대한 박수갈채와 환호도 마음에서 우러나는 진정한 의미에서의 칭찬과 인정이 아니라, 돈으로 사람을 동원하기 위해 사고파는 것이 되어버리고, 왕이 임명하는 공직, 왕의 옥쇄, 왕의 서명 등도 중요하지만, 가장 중요한 사랑하는 사람을 기다리게 할 수 있을까?라는 문제를 화자는 던진다. 깊이 숙고해 보아야 하는 의문을 통해 화자는 의미심장한 공과 사의 문제의 가장 현실적인 문제에 접목시키고 있다. 애인을 기다리게 하는 만큼 더 마음 쓰이는 일은 없을 것이라는 수사학적 질문을 화자는 던지고 있는 것이다. 진정한 월계관은 과연 왕좌의 월계관인가? 아니면 애인의 사랑을 받는 사랑의 월계관인가 하는 질문을 던짐으로써 화자는 사랑의 월계관을 마음에 담고 있는 것이다.

The Old Stone Cross

A Statesman is an easy man,
He tells his lies by rote;
A journalist makes up his lies
And takes you by the throat;
So stay at home' and drink your beer
And let the neighbours vote,
        Said the man in the golden breastplate
        Under the old stone Cross.

Because this age and the next age
Engender in the ditch,
No man can know a happy man
From any passing wretch;
If Folly link with Elegance
No man knows which is which,
Said the man in the golden breastplate
Under the old stone Cross.

But actors lacking music
Do most excite my spleen,
They say it is more human
To shuffle, grunt and groan,

오래된 돌 십자가

김영민

정치가란 쉬운 사람이다.
그는 외워서 거짓말을 한다.
저널리스트는 거짓말을 만들어 내고
당신의 목덜미를 잡는다.
그러니 집에 머물러 맥주나 마시고
이웃 사람들 투표하게나 하시오.
　　금으로 만든 가슴흉배의 갑옷을 입은 사람이 말했다.
　　오래된 돌 십자가 아래에서.

이 세대와 다음 세대가
시궁창에서 태어나서
지나가는 비참한 떠돌이로부터는
어느 누구도 행복한 사람을 찾을 수가 없다.
어리석음과 우아함이 연결된다하더라도
무엇이 무엇인지 아무도 분간하지 못한다.
　　금으로 만든 가슴흉배의 갑옷을 입은 사람이 말했다.
　　오래된 돌 십자가 아래에서.

그러나 음악이 결핍된 배우들이
나를 더 분노하게 한다.
그들은 얼버무리거나 투덜대거나 신음하는 것이
보다 더 인간적이라고 말한다.

Not knowing what unearthly stuff
Rounds a mighty scene,
    Said the man in the golden breastplate
    Under the old stone Cross.

《해설》

이 시는 1937년 4월과 6월 사이에 쓰였다. 슬라이고 지방(County Sligo)의 드럼클리프(Drumcliff)에 묻힌 데나다(Denadhach, 871년에 죽음)라는 콘(Con) 종족 출신의 경건한 병사가 등장하는데, 이 시에서 개암나무 십자가 밑에 누워 금으로 만든 가슴흉배의 갑옷을 입고 무덤을 바라보고 있고, 이 늙은 병사가 말하는 것을 화자가 전해 주는 방식으로 되어 있다. 화자인 타자의 음성을 통해 예이츠는 복화술을 하듯 자신의 역설적인 행복론을 펼치고 있다. 제1연에서 정치가, 저널리스트들의 거짓말로 점철된 삶에 환멸을 느끼는 병사는 독자에게 집에 머물러 맥주나 마시면서 투표에 참여하도록 권유하고 있다.

제2연에서 "행복한 사람이 과연 있는가?"라는 질문을 던지면서, 화자는 현 세대의 시궁창 같은 암흑의 시대와, 떠돌이 인생으로 가득 찬 어리석음과 우아함을 구분하지 못할 정도의 상태의 현실을 직시하는 갑옷 입은 늙은 병사의 타자의 목소리에 귀 기울인다.

제3연에서는 예이츠 자신은 연극배우들이 시낭송하는 것을 싫어했다는데, 배우들이 시를 읽을 때 음악성이 결여되어 늙은 병사를 분노하게 한다고 말을 하고 있다. 보다 더 큰 미학적 영혼적 가치를 지닌 피타고라스의 "천상의 음악"도 이해하지 못한 채, "얼버무리거나 투덜대거나 신음하는 것이 보다 더 인간적이라고" 말하는 그들의 시낭송에

천상의 어떤 것이 대단한 장면을
완성시키는지 알지 못한 채.
　　금으로 만든 가슴흉배의 갑옷을 입은 사람이 말했다.
　　오래된 돌 십자가 아래에서.

대해 비판하고 있다.

요컨대 개암나무 십자가 밑에 누워 금으로 만든 가슴흉배의 갑옷을 입고 무덤을 바라보고 있는 이 늙은 병사의 타자의 시선과 화자 자신의 무의식적 담론을 통해, 예이츠는 행복하지 못한 어둡고 떠돌이 인생으로 가득 찬 우매함의 현실을 직시하고, 천상의 음악이 담겨 있는 시의 언어를 통해 돌로 만든 고대로부터 전해 내려오는 켈트족의 십자가에 담긴 영혼의 가치를 되살리고 있다.

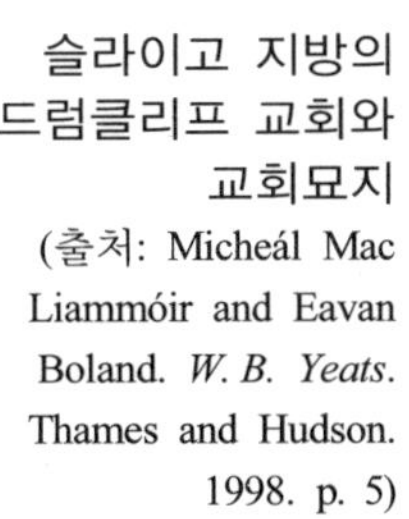

슬라이고 지방의 드럼클리프 교회와 교회묘지 (출처: Micheál Mac Liammóir and Eavan Boland. *W. B. Yeats*. Thames and Hudson. 1998. p. 5)

The Spirit Medium

Poetry, music, I have loved, and yet
Because of those new dead
That come into my soul and escape
Confusion of the bed,
Or those begotten or unbegotten
Perning in a band,
I bend my body to the spade
Or grope with a dirty hand.

Or those begotten or unbegotten,
For I would not recall
Some that being unbegotten
Are not individual,
But copy some one action,
Moulding it of dust or sand,
I bend my body to the spade
Or grope with a dirty hand.

An old ghost's thoughts are lightning,
To follow is to die;
Poetry and music I have banished,
But the stupidity

영매(靈媒)

윤일환

시, 음악을 나 사랑했으나
죽어 얼마 되지 않은 자가
내 혼으로 옮겨 오고는
임종의 혼란을 벗어났기에,
아니면 이미 잉태한 자와 하지 않는 자
하나 되어 맴돌고 있기에,
몸 굽혀 나 삽으로 땅을 파거나
더러워진 손으로 흙을 더듬는다.

아니면 잉태한 자와 하지 않은 자.
잉태하지 않은 자는
개성을 갖추지 않고
흙이나 모래로 모양을 떠
무언가 행위를 복사할 뿐이니.
몸 굽혀 나 삽으로 땅을 파거나
더러워진 손으로 흙을 더듬는다.

세월 겪은 유령의 사념은 빛이고
그 뒤 따르는 것은 죽음.
나 시와 음악을 물리쳤으나
뿌리, 싹, 꽃, 흙덩이의
우둔함은

Of root, shoot, blossom or clay
Makes no demand.
I bend my body to the spade
Or grope with a dirty hand.

《해설》

예이츠의 「영매」("Spiritual Medium")는 초월적인 존재, 일상의 삶, 시(詩), 그리고 글쓰기 간의 복잡한 공존을 잘 보여주는 시이다. 시가 시작되면 이승의 혼돈에서 벗어나 죽은 지 얼마 되지 않은 이 초월적인 존재들이 화자에게 들어왔고, 그러하기에 시를 사랑하지만 지금은 몸을 굽혀 흙을 파고 있다고 말한다. 화자는 초월적인 존재의 상태를 확신하지 못하면서 이들을 "잉태하거나 잉태하지 않은 자"라 칭한다. 이들이 생과 사를 다시 반복해야 하는 존재인지 아니면 해탈을 하여 이 반복에서 벗어난 존재인지 알 수 없다. "잉태하지 않은 자"는 자기-규정이 없고 너무나 유동적이고 변하기 쉬워 전혀 자아를 갖지 않은 객관의 상태에 있다.

"잉태하지 않은 자"는 예이츠의 체계에서 "기본적인"(primary) 개성의 구현과 같다. 반면에 "잉태한 자"는 이에 '대립하는'(antithetical) 의지나 영혼이다. 신과 마주하고 공포에 사로잡힌 인간에게 스스로를 드러내는 이들 존재는 보름달의 순수한 빛에서 나와 초자연적으로 구현되어 태어난 다이몬적인 주체이다. 예이츠에게 영혼의 황홀경은 아무리 무섭고 위험하더라도 창조적인 경험이다("An old ghost's thought are lightning / To follow is to die" 참조). 반복되는 후렴구("I bend my body to the spade / Or grope with a dirty hand")는 발라드의 아무런 요구도 없다.
몸 굽혀 나 삽으로 땅을 파거나
더러워진 손으로 흙을 더듬는다.

후렴구를 연상시킴으로써, 자신의 공언과는 달리 화자가 시와 음악을 지속적으로 사랑하고 있음을 보여준다. "잉태한 자"와 "잉태하지 않은 자"의 구분을 고민하면서, 화자는 영매와 정원 가꾸기라는 두 활동을 연결한다. 정원 가꾸기는 시작(詩作)을 연상시키는 반복되는 후렴구로 인해 글쓰기의 은유로서 기능한다. 정원 가꾸기처럼 글쓰기는 생각과 문장을 가다듬고 꾸민다. 그런데 죽은 지 얼마 되지 않은 자들에 대한 언급과 관련됨으로써, 흙 파기가 지시하는 것이 정원을 가꾸는 행위인지, 글쓰기인지, 무덤을 파는 것인지 명확하지 않다. 독자는 화자가 정원 가꾸기를 하는 것인지 무덤을 파는 것인지 확신할 수 없다. 후자의 경우라도 그것이 죽은 지 얼마 되지 않은 자를 묻는 것인지 그의 시체를 발굴하는지가 불분명하다. 무형의 "잉태하지 않은 자들"은 또한 화자가 파고 있는 흙에서 자신의 형태를 지닐 수 있다. 그럴 경우, 이들 존재가 화자의 영혼에 머무는지 아니면 흙 속에 머물고 있는지 단정할 수 없다. 더욱이 흙 파기나 글쓰기 행위는 죽은 지 얼마 되지 않은 자가 조금씩 다른 생명체에 머무르는 방식을 보여준다("Or root, shoot, blossom or clay" 참조). 따라서 이 시의 화자는 영매가 됨으로써 외부와 내부의 복잡한 얽힘을 잘 표현하고 있다. 서로 다른 영역에 다른 구조가 함께 존재하는 이 현상은 내부와 외부, 이쪽과 저쪽, 주체와 타자 등이 동시에 함께 공존하는 상태를 나타낸다.

Those Images

What if I bade you leave
The cavern of the mind?
There's better exercise
In the sunlight and wind.

I never bade you go
To Moscow or to Rome.
Renounce that drudgery,
Call the Muses home.

Seek those images
That constitute the wild,
The lion and the virgin,
The harlot and the child.

Find in middle air
An eagle on the wing,
Recognise the five
That make the Muses sing.

저 모습들

김재봉

그대에게 마음을 동굴을
떠나라고 한다면 어쩔 것인가
햇살과 바람 속에
더 나은 수련이 있다.

나 그대에게 말하진 않았네
모스코바나 로마로 가라고
그 고역을 그만두고
뮤즈들을 집으로 부르게

야생을 이루고 있는
저 모습들을 구하게
사자와 처녀
매춘부와 어린이를.

공중에서 날갯짓하고 있는
독수리를 찾게
뮤즈들이 노래하게 하는
다섯 감각을 인정하게.

《해설》

이 시는 시심을 자극해 줄 뮤즈들을 불러 노래하게 하려는 시인의 결심을 표현하고 있다.

예이츠는 첫 연에서 혼잣말로 추상적 사유의 시, 즉 순수한 지성의 상징인 "마음의 동굴"에서 빚어낸 신플라톤주의 명상의 시를 벗어나 햇살과 바람이 이는 자연에서의 수련을 권유한다.

둘째 연에서는 당시의 시대상을 반영한 정치시, 즉 공산주의의 모스코바나 파시즘의 로마로 떠돌게 하는 저 "고역"을 동시에 버리고 시신 뮤즈를 불러들이라고 훈계한다.

예이츠는 시의 진정한 토대는 고립된 사유의 공간이나 정치적 이데올로기가 난무하는 영역에 있는 것이 아니고 자연에 직접적으로 근거한 심상에 있다고 주장하는 것이다. 즉 사자, 처녀, 매춘부, 아이 그리고 독수리의 심상인 "야생"이 진정한 시의 근원이라고 역설한다.

격렬한 경험을 연상시키는 사자와 매춘부를 평온하고 순진무구함을 상징하는 처녀와 아이에 비교하며, 예이츠는 "날갯짓하고 있는 독수리"를 통한 통찰을 희망한다. 그리고 그는 "뮤즈들이 노래하게 하는" 것은 다름 아닌 우리의 다섯 가지 감각이라고 보고, 이를 인정하라고 촉구한다.

다시 말해서, 이러한 오감을 거치는 야생과 초자연의 강력한 호응 속에서 시는 태어난다고 호소한 것이다.

슬라이고 지방의 이니스프리 호도
(출처: Micheál Mac Liammóir and Eavan Boland. *W. B. Yeats*. Thames and Hudson. 1998. p. 116)

The Municipal Gallery Revisited

I

Around me the images of thirty years:
An ambush; pilgrims at the water-side;
Casement upon trial, half hidden by the bars,
Guarded; Griffith staring in hysterical pride;
Kevin O'Higgins' countenance that wears
A gentle questioning look that cannot hide
A soul incapable of remorse or rest;
A revolutionary soldier kneeling to be blessed;

II

An Abbot or Archbishop with an upraised hand
Blessing the Tricolour. 'This is not,' I say,
'The dead Ireland of my youth, but an Ireland
The poets have imagined, terrible and gay.'
Before a woman's portrait suddenly I stand,
Beautiful and gentle in her Venetian way.
I met her all but fifty years ago
For twenty minutes in some studio.

시립미술관을 다시 찾다

이영석

I

미술관 안 여기저기 30년의 이미지들—
매복, 강변 순례자들,
철창에 반쯤 가려 감시당하는 재판 중인 케이스먼트,
발작적 자긍심의 눈빛 반짝이는 그리피스,
후회나 휴식을 모르는 숨길 수 없는 영혼을 지닌
부드러운 사색의 눈빛 띤
케빈 오히긴스 표정,
축도를 위해 무릎 꿇은 혁명군 병사,

II

삼색기를 축도하려 한 손 들어올린
대수도원장이거나 대주교. 나는 말한다. "이건
내 젊은 시절 죽은 아일랜드가 아니고. 지독히도 밝은
시인들이 꿈꾸는 아일랜드이지."
나는 한 여인의 초상 앞에 문득 멈춘다.
베네치아적으로 아름다운 부드러운
그녀를 50여 년 전
어느 화실에서 나는 20분간 보았지.

III

Heart-smitten with emotion I sink down,
My heart recovering with covered eyes;
Wherever I had looked I had looked upon
My permanent or impermanent images:
Augusta Gregory's son; her sister's son,
Hugh Lane, 'onlie begetter' of all these;
Hazel Lavery living and dying, that tale
As though some ballad-singer had sung it all;

IV

Mancini's portrait of Augusta Gregory,
'Greatest since Rembrandt,' according to John Synge;
A great ebullient portrait certainly;
But where is the brush that could show anything
Of all that pride and that humility?
And I am in despair that time may bring
Approved patterns of women or of men
But not that selfsame excellence again.

III

나는 가슴이 벅차 주저앉아,
눈 가리고 가슴이 진정되길 기다려.
어디를 보아도 나는
영속적이거나 순간적 형상을 보네.
오거스터 그레고리의 아들, 그녀의 누이동생의 아들인
이 모든 것을 "혼자 시작한" 휴 레인.
어느 가수가 다 노래한 이야기로,
살아 있거나 죽어가는 헤이즐 래버리 여사.

IV

존 싱의 말로 "렘브란트 이후 최고 걸작"으로
만치니가 그린 오거터 그레고리의 초상,
분명 참으로 열정적 초상이지.
그렇지만 그 모든 자긍심과 겸손을 그릴 수 있는
붓이 있는가?
그래서 나는 절망하지, 시간은
그 여인들과 남성들의 겉 문양만 보이지
그들 차체의 뛰어남은 결코 다시 보여주지 못하리라.

V

My mediaeval knees lack health until they bend,
But in that woman, in that household where
Honour had lived so long, all lacking found.
Childless I thought, 'My children may find here
Deep-rooted things,' but never foresaw its end,
And now that end has come I have not wept;
No fox can foul the lair the badger swept —

VI

(An image out of Spenser and the common tongue).
John Synge, I and Augusta Gregory, thought
All that we did, all that we said or sang
Must come from contact with the soil, from that
Contact everything Antaeus-like grew strong.
We three alone in modern times had brought
Everything down to that sole test again,
Dream of the noble and the beggar-man.

VII

And here's John Synge himself, that rooted man,

V

나의 다리가 회복되면 중세의 예를 갖추겠지,
그러나 그 여인에게, 명예가 그토록 오래 머문 저 저택에,
부족함이 있어.
독신으로서 나는 생각했어. "나의 자녀들이 여기서
뿌리 깊은 전통을 찾아내리라고." 그러나 나는
그 결말을 예상치 못했고, 지금 그 결말이 왔지만
나는 울지 않아.
어떤 여우도 오소리가 지은 굴을 더럽힐 수 없기에—

VI

(스펜서나 속담의 이미지이긴 하지만).
나와 오거터 그레고리, 존 싱은 생각해,
우리 모두가 행한 것, 우리 모두가 말하고 노래한 것은
땅에서 나와야 하고, 그 땅과의 접촉으로
모든 것이 안타이오스처럼 강해진다고.
지금 우리 셋은 모든 것을
다시 그렇게 시험하며,
귀족과 거지를 꿈꿔요.

VII

또 여기에는 "인간의 말을 잊은" 존 싱,

'Forgetting human words,' a grave deep face.
You that would judge me, do not judge alone
This book or that, come to this hallowed place
Where my friends' portraits hang and look thereon;
Ireland's history in their lineaments trace;
Think where man's glory most begins and ends,
And say my glory was I had such friends.

《해설》

이 시는 1937년 8월에 시작되어 9월초에 완성된다. 『한 편의 연설문과 두 편의 시』(*A Speech and Two Poems*, 1937)에 처음 실린다. 1937년 9월 5일 도로시 웰즐리에게 보낸 편지에서 예이츠는, 「크롬웰의 저주」("The Curse Of Cromwell")나 이 시가 최근 몇 년 사이에 그가 쓴 시 중에서 가장 뛰어난 것으로 생각한다.

각 연에서 예이츠는 더블린 시립미술관의 그림들을 둘러보면서 생각에 잠긴다. 시작 부분에 역사인식에 대한 예이츠의 시각과 회의가 엿보이고, 이어서 친구들의 초상들을 보면서 차례로 추억한다. 그리고 질문한다. 질문의 핵심은, 시는 무엇이고, 시인은 무엇을 해야 하며, 아일랜드의 시인과 예술의 역할은 무엇인지 등. 그리고 마지막에, 그는 "인간의 말을 잊은" 존 싱, 오거스타 그레고리와 함께 자신을 평가해 달라고 청한다. 그는 그들의 존재는 자신의 문학의 존재를 뜻한다고 그들을 강조한다.

그 뿌리가 깊은 사람, 진지한 깊이 있는 존 싱, 그의 얼굴.
나를 판단하려거든, 이 책이나 저 책만 보지 말고,
나의 친구들의 초상이 걸려 있는, 이 신성한 곳에 와서
보라.
그들의 모습에서 아일랜드의 역사를 찾으라.
인간의 가장 큰 영광이 어디서 시작하고 끝나는지 생각하라,
그리고 나의 영광은, 나에게 그런 친구들이 있었다는 것을 말하라.

존 싱(J. M. Synge)의 1895년 12월 31일 사진

(출처: Micheál Mac Liammóir and Eavan Boland. *W. B. Yeats*. Thames and Hudson. 1998. p. 75)

노년의 오거스타 그레고리(Lady Augusta Gregory)

(출처: Micheál Mac Liammóir and Eavan Boland. *W. B. Yeats*. Thames and Hudson. 1998. p. 105)

Are You Content?

I call on those that call me son,
Grandson, or great-grandson,
On uncles, aunts, great-uncles or great-aunts,
To judge what I have done.
Have I, that put it into words,
Spoilt what old loins have sent?
Eyes spiritualised by death can judge,
I cannot, but I am not content.

He that in Sligo at Drumcliff
Set up the old stone Cross,
That red-headed rector in County Down,
A good man on a horse,
Sandymount Corbets, that notable man
Old William Pollexfen,
The smuggler Middleton, Butlers far back,
Half legendary men.

Infirm and aged I might stay
In some good company,
I who have always hated work,
Smiling at the sea,

그대는 만족하나요?

채규상

저를 아들이라 부르는 분들을 찾습니다,
손자라고 아니 증손자라고 부르는,
숙부와 숙모, 종조부와 종조모를 찾아서,
저의 업적을 평가해 달라고 청합니다.
시를 쓴 저는
육체의 요구를 망가트렸나요?
죽음으로 영적이 된 눈만이 볼 수 있고,
저는 볼 수 없나요. 그래도 저는 만족하지 못해요.

슬라고의 드럼클리프에
오래전 돌 십자가를 세운 분이여,
다운 카운티의 붉은 머리 목사님이여,
말을 탄 선한 그 분,
샌디마운트의 콜빗 가문,
유명한 윌리엄 폴렉스펜 할아버지,
밀수입자 미들턴, 오래전 버틀러 가문,
반은 전설이 된 사람들이여!

병약하고 나이든 저는
선한 이들과 어울릴 수도 있어요,
항시 일하기 싫어하며
바다에 미소 지으면서.

Or demonstrate in my own life
What Robert Browning meant
By an old hunter talking with Gods;
But I am not content.

《해설》

이 시는 『최후의 시들』(*Last Poems*)의 전반부의 시이고, 「가이어」(“The Gyre”)로 시작하는 『새 시들』(*New Poems*)의 마지막 시로서, 예이츠는 자신의 말년에 구현된 삶의 지혜와 태도를 다른 사람들의 눈으로 점검해 보고 있다.

이 시는, 『새 시들』에서 이 시 바로 앞에 놓인 「시립미술관을 다시 찾다」(“The Municipal Gallery Revisited”)와 함께, 자신의 모든 업적을 평가한다. 「시립미술관을 다시 찾다」는 친구들의 평가를 원하고, 이 시는 조상들의 평가를 바란다.

예이츠는 자신의 삶이 조상들의 기준에 항상 미흡하다고 느껴 왔다. 그리고 마지막 연에서 화자는 현인이 되고자 하는 유혹을 느끼지만, 이내 뿌리치며, “거칠고 사악한 노인”(The Wild Old Wicked Man)이 그려 내는 삶을 정당화하고자 한다. 여기서, 그의 조부 중 미들턴(Middleton)을 일반적으로 명예롭지 못한 ‘밀수입자’(smuggler)로 지칭하며 당당히 삶의 진실을 추구한다.

혹 저는 저 자신의 인생에서
로버트 브라우닝이 말하는,
신과 대화나는 늙은 사냥꾼이 무엇인지
설명할 수 있지만,
저는 만족하지는 못해요.

말년의 예이츠
(출처: Catherine Fahy. *W. B. Yeats and his Circle*. The National Library of Ireland. 1992. p. 55)

『최후의 시들』

Last Poems (1938~1939)

Under Ben Bulben

I

Swear by what the sages spoke
Round the Mareotic Lake
That the Witch of Atlas knew,
Spoke and set the cocks a-crow.

Swear by those horsemen, by those women
Complexion and form prove superhuman,
That pale, long visaged company
That air in immortality
Completeness of their passions won;
Now they ride the wintry dawn
Where Ben Bulben sets the scene.

Here's the gist of what they mean.

II

Many times man lives and dies
Between his two eternities,
That of race and that of soul,

불벤산 기슭에서

한일동

I

맹세하라, 아틀라스의 마녀가 아는
마레오티스 호숫가에서
현자들이 말하고,
말하여 수탉을 울게 한 것에 걸고서.

맹세하라, 저 기마수들과 저 여인들에 걸고서.
피부색과 자태가 초인의 증거다.
불멸 속에 대기를 호흡하는
저 창백하고 얼굴이 긴 무리는
그들의 정열을 완성했다.
이제 그들은 불벤산을 배경삼아
겨울 새벽에 말을 타고 달린다.

여기에 그들이 의미하는 요지가 있다.

II

인간은 여러 번 살고 죽는다
그의 두 영원 사이에서,
민족의 영원과 영혼의 영원 사이에서.

And ancient Ireland knew it all.
Whether man die in his bed
Or the rifle knocks him dead,
A brief parting from those dear
Is the worst man has to fear.
Though grave-diggers' toil is long,
Sharp their spades, their muscles strong,
They but thrust their buried men
Back in the human mind again.

III

You that Mitchel's prayer have heard,
'Send war in our time, O Lord!'
Know that when all words are said
And a man is fighting mad,
Something drops from eyes long blind,
He completes his partial mind,
For an instant stands at ease,
Laughs aloud, his heart at peace,
Even the wisest man grows tense
With some sort of violence
Before he can accomplish fate
Know his work or choose his mate.

옛 아일랜드는 그것을 모두 알고 있었다.
인간이 자신의 잠자리에서 죽든
아니면 총에 맞아 죽든,
사랑하는 이들과의 잠시의 이별이
인간이 두려워해야 할 최악이다.
비록 무덤 파는 이들의 노고가 길고,
그들의 삽이 날카로우며 그들의 근육이 아무리 강하다 해도,
그들은 다만 그들이 묻은 사람들을
인간의 마음속에 다시 밀어 넣을 뿐이다.

III

'오, 주여, 우리 시대에 전쟁을 보내소서!'라는
미첼의 기도를 들은 자는
안다. 모든 말을 다하고
사람이 정신없이 싸울 때,
오랫동안 보이지 않던 눈이 밝아지고,
편파적인 마음은 완전해지며,
잠시 마음이 편안해져서,
마음 편히 크게 웃는다는 것을.
아무리 현명한 자라 해도
어떤 강포한 힘으로 긴장하게 마련이다.
운명을 완성하거나,
자신의 일을 깨닫거나, 배우자를 선택하기 전에는.

IV

Poet and sculptor do the work,
Nor let the modish painter shirk
What his great forefathers did,
Bring the soul of man to God,
Make him fill the cradles right.

Measurement began our might:
Forms a stark Egyptian thought,
Forms that gentler Phidias wrought.

Michael Angelo left a proof
On the Sistine Chapel roof,
Where but half-awakened Adam
Can disturb globe-trotting Madam
Till her bowels are in heat,
Proof that there's a purpose set
Before the secret working mind:
Profane perfection of mankind.

Quattrocento put in paint,
On backgrounds for a God or Saint
Gardens where a soul's at ease;
Where everything that meets the eye

Ⅳ

시인이여, 조각가여, 자신들의 일을 하라.
시류(時流)를 좇는 화가라도
자기의 위대한 조상들이 이루어 놓은 업적을 기피하게 하지 마라.
인간의 영혼을 신의 경지에까지 끌어올려
자신의 요람으로 올바르게 돌아오게 하라.

측량에 의해 우리의 힘은 시작되었다.
엄격한 이집트인이 생각한 형상들,
한층 온순한 피디아스가 만들어낸 형상들.
미켈란젤로는 시스틴 성당의 천정에
하나의 징표를 남겼다.
거기에서 반쯤 깨어난 아담은
세계 여행을 즐기는 마님의 마음을 교란시켜
마침내 그녀의 창자까지 뜨거워지게 한다.
음밀히 일하는 정신 앞에
정해진 하나의 목적이 있다는 징표.
그것은 바로 인간의 세속적인 완성이다.

15세기의 화가는
신이나 성자를 위한 배경에
영혼이 편히 쉴 수 있는 정원을 그렸다.
거기에선 꽃이나 풀, 구름 한 점 없는 하늘,
눈에 들어오는 모든 것은,

Flowers and grass and cloudless sky
Resemble forms that are or seem
When sleepers wake and yet still dream,
And when it's vanished still declare,
With only bed and bedstead there,
That heavens had opened.

Gyres run on;
When that greater dream had gone
Calvert and Wilson, Blake and Claude,
Prepared a rest for the people of God,
Palmer's phrase, but after that
Confusion fell upon our thought.

V

Irish poets, earn your trade,
Sing whatever is well made,
Scorn the sort now growing up
All out of shape from toe to top,
Their unremembering hearts and heads
Base-born products of base beds.
Sing the peasantry, and then
Hard-riding country gentlemen,
The holiness of monks, and after

잠에서 갓 깨어나 아직도 꿈꾸는 기분에 있을 때,
혹은 꿈도 사라져
겨우 침대와 침대받침만이 남아 있어도
천국의 문이 열려 있다고 여전히 주장할 때에,
존재하거나 존재하는 것처럼 보이는 형상을 닮았다.

두 가이어는 계속 선회한다.
그 위대한 꿈이 사라졌을 때
칼버트와 윌슨, 블레이크와 클로드가
하느님의 백성을 위해 안식을 준비했다고
파머는 말했으나, 곧이어
우리들의 사상에 혼란이 들이닥쳤다.

V

아일랜드의 시인들이여, 그대들의 직분을 배워라.
무엇이든 잘된 것을 노래하고,
요즈음 자라고 있는
발끝부터 머리끝까지 꼴사나운 것들을 모두 경멸하라.
과거를 모르는 그들의 가슴과 머리는
비천한 침대에서 생긴 비천한 산물들.
농민을 노래하라, 그리고
열심히 말을 모는 시골 신사들을,
수사(修士)들의 신성함을, 그런 다음에는
술꾼들의 떠들썩한 웃음소리를.

Porter-drinker's randy laughter;
Sing the lords and ladies gay
That were beaten into the clay
Though seven heroic centuries;
Cast your mind on other days
That we in coming days may be
Still the indomitable Irishry.

VI

Under bare Ben Bulben's head
In Drumcliff churchyard Yeats is laid.
An ancestor was rector there
Long years ago; a church stands near,
By the road an ancient cross.
No marble, no conventional phrase,
On limestone quarried near the spot
By his command these words are cut:

Cast a cold eye
On life, on death.
Horseman, pass by!

7백년의 영웅시대를
흙 속에서 묻혀 지낸
쾌활했던 귀족들과 귀부인들을.
지난날에 마음을 돌려라, 그러면
다가오는 시대에도 우리는 여전히
불굴의 아일랜드 민족이 될 수 있을 것이니.

VI

벌거벗은 불벤산 기슭 아래
드럼클리프 교회묘지에 예이츠가 누워 있다.
조상 한 분이 오래전에
그곳의 교구 목사였고, 근처엔 교회가,
길가엔 해묵은 십자가가 서 있다.
대리석이나, 진부한 비문도 필요 없다.
인근에서 채석한 석회암 위에는
그의 유언에 따라 이러한 구절이 새겨져 있다.

삶과 죽음에
차가운 시선을 던지고
말 탄 자여, 지나가라!

1938년 9월 4일

《해설》

'Ben Bulben'의 'Ben'은 '산'이라는 뜻이다. 슬라이고(Sligo)의 북쪽 불벤산 기슭 아래에 드럼클리프(Drumcliff) 마을이 있고, 그곳 교회묘지에 예이츠의 묘와 묘비가 있다. 시인 자신의 묘비명으로 끝나는 이 시는 그가 세상을 떠나기 4개월 전에 유언 형식으로 쓴 유작 시이다. 그의 『최후의 시들』의 마지막을 장식하고 있는 이 시에서, 예이츠는 인생 전체를 개괄하면서 삶과 죽음, 그리고 예술에 대한 자신의 소신을 비교적 담담한 어조로 밝히고 있다.

제Ⅰ부에서 예이츠는 자신의 사적(私的) 종교(private religion)의 밑바탕이 되어 온 고대의 비교(秘敎)에서부터 아일랜드의 민간신앙에 이르는 자신의 믿음의 근거를 제시하고, 제Ⅱ부에서는 이러한 믿음에서 얻어진 지혜를 토대로 자신의 순환론적 인생관을 천명한다. 즉, 삶이란 생과 사를 영원히 반복하면서 환생의 과정을 거치기 때문에, 사람은 죽어서 영원히 사라지는 것이 아니라 인류의 대기억(Anima Mundi) 속에 저장되어, 자기 민족의 신화나 전설로 영원히 살아남는다는 굳은 신념의 표현이다.

제Ⅲ부는 아일랜드의 민족주의자 존 미첼(John Mitchel)의 『교도소 일지』(*Jail Journal*)의 한 구절로부터 시작하여 예이츠 특유의 인생관과 직업관을 피력하고 있다. 제Ⅳ부에서 시인은 자신의 예술관에 비추어 유럽의 미술과 조각을 개관하면서 논평한다. 그는 예술의 목적을 '인간의 영혼을 신의 경지에까지 끌어올려 / 자신의 요람으로 올바르게 돌아오게 하는 데 있다'고 말하면서, 시류(時流)를 좇는 예술가들에게 과거의 예술정신으로부터 이탈하지 말라고 경고한다.

제Ⅴ부에서 예이츠는 유언의 형식으로 아일랜드의 시인들에게 앞으로 무엇을 노래 부르고, 무엇을 경멸해야 하는지를 권고한다. 이 부분에서 열거하고 있는 덕목들은 그가 시와 산문에서 자주 언급하고 있는 귀족주의 미학의 덕목들이다. 그는 현세적인 것보다는 전통적이고 영웅적인 것, 민족적이고 토착적인 것, 신성하고 고결한 것, 그리고 농민의 소박함과 귀족의 염직(廉直)성에 의미를 부여하며, 이러한 것들이야말로 '불굴의 아일랜드 민족'을 다시 만들어낼 수 있을 것이라고 주장한다.

제VI부는 시인 자신의 묘비명이다. 그는 증조부 존 예이츠가 목사로 봉직했던 불벤산 기슭의 드럼클리프 교회묘지에 묻히고 싶어 하며, 마지막 3행만이 자신의 소박한 묘비에 새겨지기를 염원한다. 이는 시인이 지상에서의 삶을 완수하고 자신의 삶의 '가이어'(gyre)가 시작된 곳에서 자신의 조상 및 조국의 역사와 전통에 합류함으로써 영원한 질서의 세계에 편입되고픈 간절한 소망의 표현이다. 시인이 죽은 후에 불벤산 기슭 아래 누워 있게 될 자신의 묘를 상상하는 이 부분에는 엄숙함과 쓸쓸함이 짙게 배어 있다. 하지만 마지막 3행의 비문이 앞으로 시인의 죽음을 바라보게 될 뭇사람들에게 건네는 말인지, 아니면 자기 자신에게 건네는 말인지는 분명치 않다. 다만 이는 생(生)과 사(死)를 초월하여 의연하고 초연하게 세상과 하직하려는 시인 자신의 영웅적인 모습이 아닐는지.

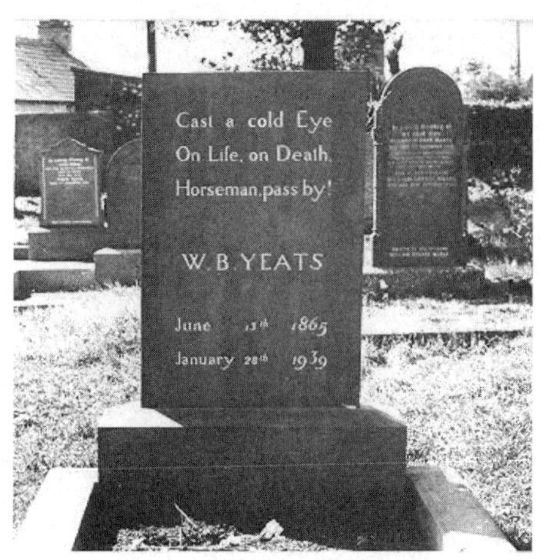

슬라이고 지방의 드럼클리프 교회묘지의 예이츠 묘비
(출처: Catherine Fahy. *W. B. Yeats and his Circle*. The National Library of Ireland. 1992. p. 61)

Three Song to the One Burden

I

The Roaring Tinker if you like,
But Mannion is my name,
And I beat up the common sort
And think it is no shame.
The common breeds the common,
A lout begets a lout,
So when I take on half a score
I knock their heads about.
From mountain to mountain ride the fierce horsemen.

All Mannions come from Manannan,
Though rich on every shore
He never lay behind four walls
He had such character,
Nor ever made an iron red
Nor soldered pot or pan;
His roaring and his ranting
Best please a wandering man.
From mountain to mountain ride the fierce horsemen.

후렴 하나에 세 개의 노래

신원철

I

좋거든 나를 시끄러운 땜장이라고 불러라,
그러나 매니언이 내 이름,
나는 평범한 것들을 두들겨 고친다
그리고 그것을 절대 부끄러워하지 않는다.
보통의 족속은 보통을,
촌놈은 촌놈을 낳는다,
내가 10여 개의 물건을 잡아서 그것들의
대가리들을 툭툭 두들겨 펼 때 바로 그러하다.
이 산에서 저 산으로 사나운 마부들은 달리네.

모든 매니언들은 마나난 출신이다,
모든 바닷가에서는 부자였지만
그는 한 번도 네 개의 벽 뒤에 누운 적이 없다
그는 그런 성격을 가졌다,
쇠를 녹슬게 한 적도 없었고
냄비나 프라이팬을 땜질한 적도 없었다.
그의 노성과 고함소리는
떠도는 자를 가장 흥겹게 했다.
이 산에서 저 산으로 사나운 마부들은 달리네.

Could Crazy Jane put off old age
And ranting time renew,
Could that old god rise up again
We'd drink a can or two,
And out and lay our leadership
On country and on town,
Throw likely couples into bed
And knock the others down.
From mountain to mountain ride the fierce horsemen.

II

My name is Henry Middleton,
I have a small demesne,
A small forgotten house that's set
On a storm-bitten green.
I scrub its floors and make my bed,
I cook and change my plate,
The post and garden-boy alone
Have keys to my old gate.
From mountain to mountain ride the fierce horsemen.

Though I have locked my gate on them,
I pity all the young,
I know what devil's trade they learn

미친 제인이 늙은 나이를 잠시 밀어놓고
야단스러운 시간을 재생할 수 있다면,
그 늙은 신이 다시 일어날 수 있다면
한 캔 두 캔 우리는 맥주를 마시리,
나가서 우리의 리더십을
시골이나 타운에 놓아두어라,
그럴법한 커플은 침실에 밀어 넣고
다른 것들은 때려눕혀라.
이 산에서 저 산으로 사나운 마부들은 달리네.

II

내 이름은 헨리 미들턴
작은 토지를 가지고 있네,
비바람 몰아치는 초지에 세워진
작고 잊힌 가옥,
나는 그 마루를 닦고 잠자리를 만들고
요리하고 접시를 바꾸네,
우체부와 정원사소년만
내 늙은 대문의 열쇠를 가지고 있을 뿐.
이 산에서 저 산으로 사나운 마부들은 달리네.

비록 내가 그들을 향해 문을 잠그긴 했으나
나는 모든 젊은이들을 불쌍히 여긴다네,
나는 그들이 함께 어울려 사는 이들로부터

From those they live among,
Their drink, their pitch-and-toss by day,
Their robbery by night;
The wisdom of the people's gone,
How can the young go straight?
From mountain to mountain ride the fierce horsemen.

When every Sunday afternoon
On the Green Lands I walk
And wear a coat in fashion.
Memories of the talk
Of henwives and of queer old men
Brace me and make me strong;
There's not a pilot on the perch
Knows I have lived so long.
From mountain to mountain ride the fierce horsemen.

Ⅲ

Come gather round me, players all:
Come praise Nineteen-Sixteen,
Those from the pit and gallery
Or from the painted scene
That fought in the Post Office
Or round the City Hall,

악마의 어떤 사업을 배우는지 알고 있네,
낮에는 술 마시고, 더러운 짓하고, 요란 떨고,
밤에는 도둑질하고.
사람들의 지혜는 가버렸으니,
젊은이들이 어찌 바르게 커갈 수 있을까?
이 산에서 저 산으로 사나운 마부들은 달리네.

일요일 오후만 되면
초록의 땅을 나는 걷는다네
그리고 유행에 맞춰 옷을 입지,
암탉 같은 여자들과 우스꽝스러운 늙은이들과
대화했던 기억이
나를 대담하게 하고 강인하게 한다네.
마부석에는 마부가 없어
나는 내가 너무 오래 살았음을 알고 있네.
이 산에서 저 산으로 사나운 마부들은 달리네.

III

내 주변에 악사들을 모아라.
1916년을 찬양하라,
돼지우리에서 나왔거나 멋진 회랑에서 나왔거나
우체국에서 혹은 시청 주변에서의 투쟁을 그린
기록화(記錄畵)에서 나왔거나,
다시 몰려왔던 모든 사람들을 찬양하라,

praise every man that came again,
Praise every man that fell.
From mountain to mountain ride the fierce horsemen.

Who was the first man shot that day?
The player Connolly,
Close to the City Hall he died;
Catriage and voice had he;
He lacked those years that go with skill,
But later might have been
A famous, a brilliant figure
Before the painted scene.
From mountain to mountain ride the fierce horsemen.

Some had no thought of victory
But had gone out to die
That Ireland's mind be greater,
Her heart mount up on high;
And yet who knows what's yet to come?
For patrick pearse had said
That in every generation
Must Ireland's blood be shed.
From mountain to mountain ride the fierce horsemen.

쓰러졌던 모든 이들을 찬양하라.
이 산에서 저 산으로 사나운 마부들은 달리네.

그날 맨 먼저 총을 맞았던 이는 누구였지?
극쟁이 코널리는,
그가 죽었던 시청의 가까이에 있었지.
마차와 좋은 목소리를 가지고 있었는데.
그는 단지 기술적으로 흘러가는 세월을 갖지 못했을 뿐
그러나 훗날에
그 기록화 앞에서
유명하고 찬란한 사람이 되어 있으리.
이 산에서 저 산으로 사나운 마부들은 달리네.

어떤 이들은 승리하리라고는 전혀 생각지 못하면서도
죽기 위해 앞으로 나아갔네
하여 아일랜드의 마음은 더욱 위대해지는 것,
아일랜드의 심장은 높이 올라가는 것.
앞으로 또 무엇이 올지는 아무도 몰라
그러나 패트릭 피어스는 말했었지
한 세대 또 한 세대 끊임없이
아일랜드의 피는 뿌려져야 한다고.

《해설》

이 시에서는 시적 화자가 셋이다. 첫 번째 노래에서는 땜장이, 두 번째 노래에서는 작은 집에 홀로 살고 있는 노인, 세 번째 노래에서는 1916년 부활절 봉기를 찬양하는 시인 자신이라고 생각된다.

첫 번째 땜장이는 매우 유쾌하다. 바닷가에만 가면 부자라는 것은 자연 속에서 풍족한 그들의 생활을 말한다. 가난한 그는 일생동안 따뜻한 방에 누워 본 적이 없는 풍찬 노숙의 신세다. 그러나 그들은 유쾌하고 요란하게 사람들을 즐겁게 한다. 미친 제인처럼 생명력 가득한 아일랜드의 하류계층의 대변자이다.

두 번째 노래의 화자는 아일랜드의 젊은이들을 걱정하는 노인이다. 이 노인은 작은 집에 살며 아일랜드를 상징하는 초록색 초원을 걷기 좋아한다. 그는 그 작은 집에 아무도 들어오지 못하도록 자물쇠를 채웠지만 젊은이들의 미래를 걱정하고 있다. 주변에 보고 배울 것이 없으니 저 친구들이 앞으로 어떻게 자랄까를 걱정하는 것이다. 그러면서 여인들과 노인들과의 어울림이 가장 좋았다는 추억은 역시 이 노인도 과거의 생명성을 그리워한다는 말이다.

세 번째 노래의 화자는 시인 자신이다. 그는 1916년 있었던 부활절 봉기에서 "승리의 확신도 없으면서" 앞장섰다가 총에 맞아 죽은 이들을 찬양한다. 극쟁이 코널리는 유쾌한 친구였으나 가장 먼저 총을 맞았다. 그의 죽음은 사람들에게 영원히 기억될 것임을 말하고 있다. 이들의 희생에 의하여 "아일랜드의 심장은 높이 올라"간다는 말은 감동적이다. 패트릭 피어스는 과격 저항론자일 것이다. 예이츠는 그처럼 과격한 투쟁을 좋아하지는 않았으나 부활절 봉기에는 깊은 감명을 받은 듯하다.

세 노래의 정점은 세 번째 노래다. 땜장이, 노인, 이런 사람들이 결국은 아일랜드의 정신을 이룬다. 그들의 정신은 "이 산에서 저 산으로

1916년 부활절 봉기 때 반란죄로 처형된 존 맥브라이드 소령
(출처: Micheál Mac Liammóir and Eavan Boland. *W. B. Yeats*. Thames and Hudson. 1998. p. 89)

사나운 마부들은 달리네."라는 후렴에 잘 드러나 있다. 예이츠는 그처럼 생기차고 활발한 아일랜드인들을 좋아했다.

The Black Tower

Say that the men of the old black tower,
Though they but feed as the goatherd feeds,
Their money spent, their wine gone sour,
Lack nothing that a soldier needs,
That all are oath-bound men:
Those banners come not in.

There in the tomb stand the dead upright,
But winds come up from the shore:
They shake when the winds roar,
Old bones upon the mountain shake.

Those banners come to bribe or threaten,
Or whisper that a man's a fool
Who, when his own right king's forgotten,
Cares what king sets up his rule.
If he died long ago
Why do you dread us so?

There in the tomb drops the faint moonlight,
But wind comes up from the shore:
They shake when the winds roar,

검은 탑

김철수

말하라, 검은 고탑(古塔)의 사람들,
그들은 비록 염소치기처럼 생활하고,
돈도 다 떨어지고, 포도주도 시어버렸건만,
병사에게 필요한 것은 다 갖추고 있고,
모두가 서약으로 묶인 사람들임을.
저 군기들은 들어오지 못한다.

저기 무덤 속에 사자들이 똑바로 서있고,
바람이 해안에서 불어온다네.
바람이 으르렁댈 때면 그들은 몸을 떨고,
산 위에선 닳아빠진 뼈들이 흔들린다네.

저 군기들은 매수하러 또는 위협하러,
또는 적통의 왕이 잊혀진 뒤에도
그 왕이 선포한 군율을 지키는 사람은
바보 같은 인간이라고 속삭이러 온다네.
하지만 왕이 오래 전에 죽었다면
왜 당신들은 그토록 우리를 두려워하나?

저기 무덤에 희미한 달빛 가물거리고,
바람이 해안에서 불어온다네.
바람이 으르렁댈 때면 그들은 몸을 떨고,

Old bones upon the mountain shake.

The tower's old cook that must climb and clamber
Catching small birds in the dew of the morn
When we hale men lie stretched in slumber
Swears that he hears the king's great horn.
But he's a lying hound:
Stand we on guard oath-bound!

There in the tomb the dark grows blacker,
But wind comes up from the shore:
They shake when the winds roar,
Old bones upon the mountain shake.

《해설》

이 시는 예이츠가 쓴 마지막 시이다. 이 시는 1939년 1월 21일에 썼고 『최후의 시들과 두 편의 극작들』(*Last Poems and Two Plays*, 1939)에 처음 실렸다.

산 위에선 닳아빠진 뼈들이 흔들린다네.

정정한 사람들이 사지 뻗고 자는 아침녘
아침이슬 속에서 조그만 새들 잡으러
산을 기어오르며, 탑의 요리사는 맹세한다네,
왕의 위대한 뿔나팔 소리 들려온다고.
하지만 그는 거짓말쟁이 비열한으로 통하고,
서약에 묶인 우리는 선 채로 망을 본다네!

저기 무덤 속에 어둠이 더 짙어지고,
바람이 해안에서 불어온다네.
바람이 으르렁댈 때면 그들은 몸을 떨고,
산 위에선 닳아빠진 뼈들이 흔들린다네.

Cuchulain Comforted

A man that had six mortal wounds, a man
Violent and famous, strode among the dead;
Eyes stared out of the branches and were gone.

Then certain Shrouds that muttered head to head
Came and were gone. He leant upon a tree
As though to meditate on wounds and blood.

A Shroud that seemed to have authority
Among those bird-like things came, and let fall
A bundle of linen. Shrouds by two and thrce

Came creeping up because the man was still.
And thereupon that linen-carrier said:
'Your life can grow much sweeter if you will

'Obey our ancient rule and make a shroud;
Mainly because of what we only know
The rattle of those arms makes us afraid.

'We thread the needles' eyes, and all we do
All must together do.' That done, the man

위안 받은 쿠훌린

신원철

여섯 개의 치명적인 상처를 받은 남자, 표한하고
유명한 남자가, 죽은 이들 사이를 걸었다.
나뭇가지 사이에서 사람들이 눈이 쏘아보다가 가버렸다.

머리를 맞대고 중얼대던 수의들이
왔다가 가버렸다. 그는 나무에 기대어 있었다
마치 상처와 피에 대해서 깊은 생각에 잠긴 듯.

새와 같은 것들 사이로 권세를 가진 것처럼 보이는
수의 하나가 왔다, 그리고 아마포 한 더미를
떨어뜨렸다. 수의들이 두어 명에 의해

기어서 왔다 그 남자 조용히 서 있었기 때문이지.
거기서 아마포 나르는 사람이 말했다
만일 당신이 옛날부터의 규칙에 복종하고

수의를 만든다면 당신의 삶은 훨씬 편안해질텐데.
우리는 단지 저 무기들 부딪히는 소리가
우리를 두렵게 한다는 것을 알 뿐이기 때문이지.

'우리는 바늘귀에 실을 꿰지 그리고 우리가 하는 모든 것은
모두가 함께 해야 하는 것이야.' 그렇게 말하고,

Took up the nearest and began to sew.

'Now must we sing and sing the best we can,
But first you must be told our character:
Convicted cowards all, by kindred slain

'Or driven from home and left to dic in fear.'
They sang, but had nor human tunes nor words,
Though all was done in common as before;

They had changed their throats and had the throats of birds.

《해설》

이 시는 예이츠 시의 중요한 인물 중의 하나인 쿠훌린의 사후 이야기다. 학생들을 위하여 설명하자면 힘세고 용감한 쿠훌린은 여자의 복수를 받아 미친 상태가 되어 바다의 파도와 싸우다가 죽는다. 여기서는 그렇게 죽은 쿠훌린이 죽음의 세상에서 다른 영혼들을 만나 이야기하는 것으로 되어 있다. 사후의 세계에서는 이승에서의 용맹이나 무용이 소용없다. 여기서의 인물들은 역시 죽은 영혼들인데 용감한 쿠훌린에 비하여 형편없이 비겁하고 나약한 평범한 자들이다. 그들이 용감한 쿠훌린을 맞게 되었으니 처음에는 눈치만 보고 자기들끼리 쑥덕대는 것이다. 마침내 수의를 만드는 아마포 하나가 쿠훌린에게 온다. 그들은 그 남자 가장 가까이 있는 것을 집어 들고 바느질을 시작했다.

이제 우리는 우리가 할 수 있는 최고의 곡을 계속 노래하게 되는 거야
그러나 먼저 당신은 우리가 누구인지 들어봐야 해.
도륙당한 친척들로부터 비겁자라고 낙인찍힌

'혹은 집에서 쫓겨나 두려움 속에서 죽도록 내버려진 자들.'
그들은 노래 불렀다 그러나 인간의 곡이나 가사가 아니었다,
비록 모든 노래가 예전처럼 평범하게 불러졌으나,

그들은 그들의 목청을 바꾸어 새의 목을 갖게 되었던 것이다.

수의를 만드는 일이 지금 쿠훌린의 마음속의 격동을 다스릴 것이라고 말한다. 칼을 휘두르던 쿠훌린이 바느질을 해야 한다는 것은 기발한 발상이다. 그리고 그것을 혼자 하는 일이 아니라 함께 해야 하는 일이라고 말한다. 이것은 이승에서의 용맹보다는 평범한 협동을 강조하는 것이다.

이제 쿠훌린은 옛날을 잊고 평범한 영혼들 가운데 역시 평범한 영혼으로 조화를 이루어야 하는 것이다. 마지막 그들의 목이 새의 목청으로 바뀐다는 구절이 섬뜩하다. 늙은 예이츠는 이제 영웅적인 인물들의 어떤 이기심 같은 것에 염증을 느끼고 평범한 생활과 사람들에 호의를 보이고 있는 것이다.

Three Marching Songs

I

Remember all those renowned generations,
They left their bodies to fatten the wolves,
They left their homesteads to fatten the foxes,
Fled to far countries, or sheltered themselves
In cavern, crevice or hole,
Defending Ireland's soul.

Be still, be still, what can be said?
My father sang that song,
But time amends old wrong,
All that is finished, let it fade.

Remember all those renowned generations,
Remember all that have sunk in their blood,
Remember all that have died on the scaffold,
Remember all that have fled, that have stood,
Stood, took death like a tune
On an old tambourine.

Be still, be still, what can be said?

세 개의 행진곡

우철환

I

저 유명한 모든 세대들을 기억하라.
그들은 몸을 버려 늑대를 살찌게 했고.
그들은 농가를 떠나 여우를 살찌게 했다.
먼 나라로 피신하거나, 동굴, 바위 틈, 혹은
구덩이에 몸을 숨겨,
애란의 영혼을 지켰다.

조용하라, 조용하라, 무슨 말을 할 수 있으랴?
나의 아버지가 그 노래를 불렀지,
시간만이 옛 잘못을 바로잡으니,
끝난 것은 모두 사라지게 두라.

저 유명한 모든 세대들을 기억하라,
자신이 흘린 피에 잠겨있던 저 모든 사람들을 기억하라,
교수대 위에서 죽은 모든 이들을 기억하라.
도피한 모든 이들을, 굳건히 섰던, 굳건히 서서,
낡은 탬버린에 실린 곡처럼
죽음을 감수했던 모든 이들을.

조용하라, 조용하라, 무슨 말을 할 수 있으랴?

My father sang that song,
But time amends old wrong,
And all that is finished, let it fade.

Fail and that history turns into rubbish,
All that great past to a trouble of fools;
Those that come after shall mock at O'Donnell
Mock at the memory of both O'Neills,
Mock Emmet, mock Parnell,
All the renown that fell.

Be still, be still, what can be said?
My father sang that song,
But time amends old wrong,
And all that is finished, let it fade.

II

The soldier takes pride in saluting his Captain,
The devotee proffers a knee to his Lord,
Some back a mare thrown from a thoroughbred,
Troy backed its Helen, Troy died and adored;
Great nations blossom above,
A slave bows down to a slave.

나의 아버지가 그 노래를 불렀지,
시간만이 옛 잘못을 바로잡으니,
끝난 것은 모두 사라지게 두라.

실패하면 그 역사는 쓰레기가 되고,
그 모든 위대한 과거가 바보들의 수고가 되는 것,
후대 사람들은 오도넬을 조롱하고,
두 분 오닐의 유덕을 조롱하고,
에멧을 조롱하고, 파넬을 조롱한다.
거꾸러진 이 모든 명망을.

조용하라, 조용하라, 무슨 말을 할 수 있으랴?
나의 아버지가 그 노래를 불렀지,
시간만이 옛 잘못을 바로잡으니,
끝난 것은 모두 사라지게 두라.

II

군인은 자랑스럽게 지휘관에게 경례하고,
독실한 신자는 신에게 무릎을 꿇고,
어떤 이는 순종 말이 낳은 암말을 후원한다.
트로이는 헬렌을 후원했고, 트로이는 없어졌는데, 찬미 받는다.
위대한 나라는 높은 곳에 꽃 피고,
노예는 노예에게 고개 숙인다.

What marches through the mountain pass?
No, no, my son, not yet;
That is an airy spot
And no man knows what treads the grass.

We know what rascal might has defiled
The lofty innocence that it has slain,
We were not born in the peasant's cot
Where man forgives if the belly gain.
More dread the life that we live,
How can the mind forgive?

What marches through the mountain pass?
No, no, my son, not yet;
That is an airy spot
And no man knows what treads the grass.

What if there's nothing up there at the top?
Where are the captains that govern mankind?
What tears down a tree that has nothing within it?
A blast of wind, O a marching wind,
March wind, and any old tune,
March march and how does it run.

What marches through the mountain pass?

무엇이 산길을 행진하는가?
아니, 아니, 예야, 아직 아니야,
여기는 바람 부는 으스스한 곳
아무도 무엇이 풀을 밟는지 모른단다.

우리는 어떤 천한 세력이 그 드높은 순결을
살해하여 더럽혔는지 알고 있다.
우리는 먹을거리를 얻으면 용서하는 농부의
오두막에서 태어나지 않았다.
우리가 살아가는 생활을 더 두려워하라.
어떻게 마음이 용서할 수 있겠는가?

무엇이 산길을 행진하는가?
아니, 아니, 얘야, 아직 아냐.
여기는 바람 부는 으스스한 곳,
아무도 무엇이 풀을 밟는지 모른단다.

저 꼭대기에 아무것도 없다한들 어떠하리?
인간을 다스리는 지도자들은 어디 있는가?
무엇이 속 빈 나무를 베어 넘기는가?
한 줄기 광풍, 오 행진하는 바람,
행진하라 바람아, 옛 곡조는 어떤 곡조든,
행진하라, 행진해 그런데 그것이 어떻게나 달리던지.

무엇이 산길을 행진하는가?

No, no, my son, not yet;
That is an airy spot
And no man knows what treads the grass.

III

Grandfather sang it under the gallows:
'Hear, gentlemen, ladies, and all mankind:
Money is good and a girl might be better,
But good strong blows are delights to the mind.'
There, standing on the cart,
He sang it from his heart.

Robbers had taken his old tambourine,
But he took down the moon
And rattled out a tune;
Robbers had taken his old tambourine.

'A girl I had, but she followed another,
Money I had, and it went in the night,
Strong drink I had, and it brought me to sorrow,
But a good strong cause and blows are delight.'
All there caught up the tune:
'On, on, my darling man.'

아니, 아니, 얘야, 아직 아냐.
여기는 바람 부는 으스스한 곳
무엇이 풀밭을 밟는지 아무도 모른단다.

III

할아버지가 교수대 아래서 그 노래를 불렀다.
'들으시오 신사 숙녀들이여, 그리고 전 인류여.
돈은 좋지요 여자라면 더 좋겠지요.
그런데 아주 강한 타격은 마음엔 즐거움이라오.'
거기 마차 위에 서서
그는 충심으로 그 노래를 불렀다.

강도들이 그의 낡은 탬버린을 빼앗았네,
하지만 그는 달을 끌어내려서
하나의 곡조를 탔다네.
강도들이 그의 낡은 탬버린을 빼앗았는데.

'여자가 하나 있었지요, 하지만 그녀는 다른 사람을 따라갔다오.
돈이 있었지만 밤에 없어졌지요.
독주를 마셨는데, 그것이 나를 슬프게 했지요.
그러나 아주 강한 신조와 타격은 즐거움이라오.'
그곳의 모든 사람이 그 곡조를 이어받았다.
'계속하게, 계속해 멋진 사람아.'

Robbers had taken his old tambourine,
But he took down the moon
And rattled out a tune;
Robbers had taken his old tambourine.

'Money is good and a girl might be better,
No matter what happens and who takes the fall,
But a good strong cause' — the rope gave a jerk there,
No more sang he, for his throat was too small;
But he kicked before he died,
He did it out of pride.

Robbers had taken his old tambourine,
But he took down the moon
And rattled out a tune;
Robbers had taken his old tambourine.

《해설》

이 작품은 「하나의 곡에 붙인 세 개의 노래」("Three Songs to the Same Tune") 의 개작이다. 예이츠는 이 작품을 쓸 무렵인 1933~1934년 잠시 파시즘에 매료되어 있었다. 당시 애란 국민들의 문화에 대한

강도들이 그의 낡은 탬버린을 빼앗았네,
하지만 그는 달을 끌어내려
한 곡조 탔다네,
강도들이 그의 낡은 탬버린을 빼앗았는데.

'돈은 좋아, 여자라면 더 좋겠지요,
무슨 일이 일어나든, 누가 교수대에서 떨어지든,
그러나 강한 신조는' 그때 밧줄이 팽팽해졌고,
그는 더 이상 노래를 부를 수 없었다, 목구멍이 조여서.
그러나 그는 죽기 전에 발길질했다.
그는 자부심에서 그렇게 한 것이다.

강도들이 그의 낡은 탬버린을 빼앗았네.
하지만 그는 달을 끌어내려
한 곡조 탔다네.
강도들이 그의 낡은 탬버린을 빼앗았는데.

무관심과 적대감에 대하여 애비극장 대표로서 또 애란 예술원 회원으로서 애란 정부 당국자를 방문하여 의견을 나누며 받았던 인상을 다음과 같이 쓴 적이 있다. "매번 나는 장관이 나와 똑같이 군중이 군림한다는 확신을 가지고 있지만 무기력하다는 인상을 가지고 나왔다. 그러한

군림이 중단되지 않는다면 우리의 공적인 생활은 폭력에서 폭력으로 이어지거나 폭력에서 무관심으로 이어질 것이다. …… 어느 정부 혹은 정당이 이 일을 떠맡는다면, 힘, 즉, 행진하는 사람들이 필요할 것이다." 예이츠는 이 작품 (「세 개의 행진곡」)에 대해 이야기하면서 "오늘날 그런 정부나 정당은 없다. 둘 중 하나가 나타난다면 이 변변치 않은 노래와 남은 내 생애를 바치리라."고 말한다. 그런데 누군가 어떤 정당이 예이츠와 동일한 목표를 가지고 있다고 말해 주었다. 그 정당은 다름 아닌 '푸른제복당'(Blue Shirts), 다시 말해, 애란 파시스트들의 모임이었다. '푸른제복당' 당원들의 파시즘은 민주주의와 공산주의에 대해 반대 입장을 취하고 있었기 때문에 예이츠의 마음을 끌었다. 그들이 예이츠에게는 확고한 계층적 사회구조, 즉 '문화의 통일성'(unity of culture)의 가능성을 주는 것처럼 보였던 것이다. 그러나 그들은 사실상 폭력적 수단에 의한 정치권력의 장악에 주력했기 때문에 예이츠의 기대에 부응할 수 없었다. 따라서 이 작품은 예이츠가 '푸른제복당' 당원들이 애란의 질서를 수호하기 위해 행진하는 데 필요한 행진곡의 노랫말을 쓰고자 의도했었지만 결국 아무도 부를 수 없는 노랫말로 바꾸어 버리고 말았다.

이 작품은 제목에서 알 수 있듯이 세 부분으로 이루어져 있다. 첫 번째 노래는 애란의 혼을 지켜 위대한 역사를 이룩하기 위해 자기희생을 무릅쓰고 애썼던 위대한 세대들을 기억하라고 촉구하고, 그렇게 하지 못하면 위대한 역사가 쓰레기가 되어 후대 사람들이 무지로 인해 그 위대한 인물들을 조롱하게 될 것이라고 타이르면서도 후렴구는 묘한 아이러니를 담고 있다. 즉 위대한 선조를 가지고 있지만 그 위대한 희생정신을 배워 본받지 못하는 20세기의 애란의 모습을 비웃고 있는 듯 보인다. 아버지 세대에 노래 불렀기 때문에 잊을 수가 없지만 그것을 본받아 스스로 행동에 옮기지 못하고 여전히 시간이 해결해 주기를 바라고 있거나 위대한 애란의 세대도 지나가게 두라고 하는 퇴영적 자세를 보이기 때문이다.

두 번째 노래는 아버지와 아들이 대화를 주고받는 형식이다. 아버지는 국민 각자가 맡은 본분을 다 할 때 그 나라는 뿌리가 튼튼한 나무처럼 위로 꽃을 피운다고 말한다. 역사적으로 트로이는 헬렌을 후원했고 그로 말미암아 멸망했지만 찬미의 대상이라고 주장한다. 그 이유는 트로이가 사랑과 명예를 선택하여 인간의 아름다운 덕목 편에 섰기 때문이다. 현대 애란의 천박한 물신 사상에 젖어있는 상황과 첨예하게 대비된다. 현대 애란에서는 "드높은 순결"이 살해되어 더럽혀질 수밖에 없고 배만 채우면 그만이라는 인식이 팽배하다. 자본주의가 빚어낸 현상을 신랄하게 탓하면서 배는 용서할지 모르지만 마음은 용서할 수 없다고 다짐한다. 이런 상황이기에 나무 위에 꽃이 피지 않고 지도자가 없을 수밖에 없고 무언가 이런 상황을 반전시킬 "광풍"이 불기를 기대한다. 후렴구는 그 광풍이 혁명이기를 은근히 기대하여 산길을 통과하여 행진하는 것이 혁명군이기를 바라면서도 경계심을 보인다. 혁명의 여파가 어떠할 것인지 알고 있기에 그것에 의존하기보다는 역사의 유유한 흐름에 맡기려는 자세가 엿보인다.

세 번째 노래는 할아버지 세대로 거슬러 올라가 할아버지의 낭만정신을 후대의 귀감으로 제시한다. 그의 낭만정신은 애국적 활동에 자신의 몸을 던지게 했고, 결국 교수대 위에 설 수밖에 없었지만 전혀 위축되지도 비굴함을 보이지도 않고 노래할 수 있게 만들었다. 그 순수한 정신은 노래를 통해 자신의 인간적 모습을 적나라하게 펼쳐 보이는 용기와 솔직함으로 연결된다. 그 역시 돈을 좋아하고 여자를 좋아했으며 때로는 폭력행사에서 즐거움도 느꼈던 여느 필부와 똑같은 사람이라고 고백한다. 이런 자세가 거기 모인 사람들에게 감명을 주었고 죽을 때 발버둥친 것도 자부심에서 그렇게 한 것으로 보게 만든다. 후렴구에서 그의 낭만정신은 생명을 빼앗겨도 죽지 않고 계속 노래하게 만드는 원동력임을 강조한다.

In Tara's Halls

A man I praise that once in Tara's Halls
Said to the woman on his knees, 'lie still,
My hundredth year is at an end. I think
That something is about to happen, I think
That the adventure of old age begins.
To many women I have said "lie still"
And roof, good clothes, passion, love perhaps
But never asked for love, should I ask that
I shall be old indeed.'

Thereon the king
Went to the sacred house and stood between
The golden plough and harrow and spoke aloud
That all attendants and the casual crowd might hear:
'God I have loved, but should I ask return
Of God or women the time were come to die.'

He bade, his hundred and first year at end,
Diggers and carpenters make grave and coffin,
Saw that the grave was deep, the coffin sound,
Summoned the generations of his house
Lay in the coffin, stopped his breath and died.

타라 언덕 궁전에서

고준석

내가 찬미하고 있는 한 남자는 한때 타라 언덕 궁전에서
여자를 무릎에 안고 이렇게 말했다. “가만히 누워 있거라,”
내 나이 백 살이라 마지막에 가깝다 생각하니
무엇인가 일어나려 한다. 생각하니
노년의 모험이 시작된다.
수많은 여자에게 말해 왔다. “가만히 누워 있거라”
그러고 나서 여자에게 모든 것을 줘 왔다.
집, 아름다운 옷, 정열, 심지어 사랑까지도
그러나 사랑을 요구한 적은 결코 없었다.
사랑을 요구했다면
나는 아마 늙어 버리겠지

그 후에 왕은
궁전에 나아가 황금 쟁기와
써레 사이에 서서 큰소리로 말했다.
시종이나 우연히 모인 무리들에게 들어보라는 듯이,
“나는 신을 사랑했노라. 그러나 신과 여자에게
대가를 요구한다면, 죽음의 시간이 왔으리라”

왕은 백 한 살이 다될 무렵에,
묘파는 사람들과 목수들에게 묘와 관을 만들라고 명하고,
묘 구덩이는 깊어지고, 관이 평정을 잡을 때.

《해설》

「타라 언덕 궁전에서」("In Tara's Holls")는 예이츠가 사망하기 1년 전 1938년 6월에 집필한 시이다. 『최후의 시들과 두 편의 극작들』(*Last Poems and Two Plays*)에 처음으로 게재되었다. 타라(Tara)는 아일랜드의 카운티 미드(County Meath)에서 발굴된 왕궁 터이다. 타라는 고대에 피르볼그(Firbolg) 족의 전략적 요새이었으며, 그 다음에 다나안(Danaan) 족의 요새가 된 후에, 마지막으로 아일랜드의 유서 깊은 궁전이었다.

예이츠는 무운시의 형식을 사용하여 커다란 언덕 위에 우뚝 솟아 있는 전설적인 요새를 떠올린다. 최후의 타라 궁전의 이미지를 시인의 최후의 순간이 다가옴을 비유하여 인생의 뒤안길을 회상하고 있다.

예이츠는 한 왕을 페르소나로 사용하여 자신의 마음에 내재된 종속과 자립 사이의 갈등을 제시하고 있다. 어리석은 정열적인 한 왕의 원형을 자화상으로 형상화하여 과거의 회한을 노래한다. 그는 화자의 우화를 통해서 교훈을 암시하기 보다는 비록 노쇠한 몸이지만 아직도 정신은 건재함을 은근히 과시한다. 화자는 한 왕이 100살이 되었고, 그에게 "모험적 체험"이 시작될 것이라고 예시한다. 왕은 여성의 열정이 너무 강해 두려운 나머지 감히 사랑을 요구하지도 못했으며, 지금은 늙었지만 신으로부터 사랑의 보답을 요구하지도 않는다고 선언한다. '나는 신을 사랑했노라. 그러나 신과 여자에게 / 대가를 요구한다면, 죽음의 시간이 왔으리라.' 100살의 노쇠한 육신을 한탄하면서 욕망의

집안 식구 모두 다 불러드려,
관 속에 누워, 숨을 멈추고 죽었다.

불은 아직도 타오르고 있어 최후의 순간을 상상하고 있다. 왕은 인간의 마지막 날을 묘사하면서 “bade”, “saw”, “summoned”, “lay”, “stopped”, “died”와 같은 카리스마적인 단어를 사용한다. 예이츠는 이러한 시어를 사용하여 회한과 아쉬움의 소용돌이에서 심리적 파동이 고조되어 생동감을 자아내고 있다. 또한 그는 도덕적 교리보다는 자신의 삶에 대한 확고한 의지를 제시하고 싶었기 때문에 타라 언덕 궁전의 역사성을 빗대어 자신의 자전적 상황을 상기시키고 있다.

제1연에서는 왕이 죽음의 그림자가 드리우는 것을 감지하면서 과거의 찬란했던 여성의 편력을 회상하고 있다. 그는 평생 동안 자신의 연인들에게 무한한 사랑을 베풀었지만 사랑을 요구하지 않아서 육체적 뿐만 아니라 정신적 젊음을 유지할 수 있었음을 제시한다. 제2연에서 왕은 신을 사랑했으나 신이나 여자에게 보답을 바라지 않아서 죽음이 다가와도 아쉬울 것이 없다고 담담히 노래하고 있다. 이러한 사랑과 헌신은 불교에서 바람이 없는 행위로써 최고의 공덕이 되는 행위이다. 제3연은 죽음이 다가왔을 때 초연하게 그 죽음을 받아들이고 ‘조건’의 완성을 수용하면서 삶이 죽음에 접근해 갈 때 삶의 최후의 상황을 신성시하고 있다. 이는 불교의 수행자들처럼 죽음은 단지 한 찰나의 연속성의 파열이며, 그 이후에 다른 세계에서 재생하는 심상을 떠올리고 있는데 이러한 재생의 의미는 『비전』(*A Vision*)에 제시된 예이츠의 윤회관을 상기시킨다. 예이츠는 이 시에서 어리석으나 정열적인 노인으로 살아온 자신의 공덕을 회고하면서 죽음을 초월하여 현실을 담담하게 받아들이고 있다.

The Statues

Pythagoras planned it. Why did the people stare?
His numbers, though they moved or seemed to move
In marble or in bronze, lacked character.
But boys and girls, pale from the imagined love
Of solitary beds, knew what they were,
That passion could bring character enough,
And pressed at midnight in some public place
Live lips upon a plummet-measured face.

No! Greater than Pythagoras, for the men
That with a malled and a chisel modelled these
Calculations that look but casual flesh, put down
All Asiatic vague immensitities,
And not the banks of oars that swam upon
The many-headed foam at Salamis.
Europe put off the foam when Phidas
Gave women dreams and dreams their looking-glass.

One image crossed the many-headed, sat
Under the tropic shade, grew round and slow,
No Hamlet thin from flies, a fat
Dreamer of the Middle Ages. Empty eyeballs knew

조각상

박미정

피타고라스가 그것을 구상했다. 사람들은 왜 놀라 쳐다보았는가?
그의 숫자는 대리석과 청동에서 움직이고
또는 그러한 듯 보였지만 인격이 없었다.
그러나 홀로 지내는 잠자리에서 사랑을 상상하다 창백해진
소년들과 소녀들은 숫자가 무엇인지를 알았고
열정으로 인격을 잘 구현할 수 있음을 알았다.
그래서 한밤중 공공장소에서
추로 계산된 얼굴 위에 뜨거운 입술을 댄다.

아니, 피타고라스보다 더 위대하다!
그들이 망치와 끌을 들고
그저 평범한 육체처럼 보이는 계산을 원형으로 삼아
아시아의 그 모호한 방대함을 진압했으므로.
살라미스에서 부글거리는 거품 위로 열을 맞추어 저어간
많은 노들이 아시아를 진압한 것이 아니었다.
피디아스가 여인들에게 꿈을 주고 꿈이 여인들의 거울이 되었을 때
유럽이 그 거품을 제거했다.

이미지 하나가 부글거리는 거품을 가로질러 나아가
열대의 그늘에 앉았고 둥글고 느릿느릿해졌다.
파리를 먹어서 여윈 햄릿이 아니라
중세의 살찐 몽상가가 되었다.

That knowledge increases unreality, that
Mirror on mirror mirrored is all the show.
When gong and conch declare the hour to bless
Grimalkin crawls to Buddha's emptiness.

When Pearse summoned Cuchulain to his side,
What stalked through the Post Office? What intellect,
What calculation, number, measurement, replied?
We Irish, born into the ancient sect
But thrown upon this filthy modern tide
And by its formless spawning fury wrecked,
Climb to our proper dark, that we may trace
The lineaments of plummet-measured face.

《해설》

1938년 4월 9일에 집필된 이 시는 현대의 예술은 피타고라스의 수를 조형예술에 구현했던 과거 그리스의 조화와 균형을 다시 추구해야 한다는 당시 예이츠의 생각을 반영하고 있다. 이 시는 예이츠가 수학과 그리스의 조각에 대해 가졌던 관심의 근간을 드러내며, 아울러 이상과 현실의 조화와 화합이라는 그의 대표적 주제를 잘 나타내어 준다.

제1연에서는 예이츠의 수(학)에 대한 생각이 드러나 있다. 피타고라스가 수를 발명하고 체계화하여서 그리스의 조각가들이 정확한 계산을

텅 빈 동공은 알았다. 지식은 비현실을 더하고
비추어진 거울 위의 거울은 모두 겉모양이라는 것을.
축원해야 할 시간을 알리는 징과 나팔소리가 들리자
늙은 고양이는 부처의 무상(無相)으로 기어오른다.

피어스가 쿠훌린을 자기 곁으로 불러냈을 때
무엇이 중앙우체국을 통과해 걸어갔는가? 어떤 지성과
어떤 계산, 어떤 수와 어떤 측량이 응답했던가?
우리 아일랜드인은 고대 종족의 태생으로서
더러운 현대의 물결 위로 휩쓸려
무정형의 알을 까는 분규로 만신창이가 되었지만
우리 본래의 어둠으로 올라간다.
추로 계산된 얼굴의 윤곽을 찾아내기 위하여.

근거로 하여 작품을 창작할 수 있게 되었으므로 그가 끼친 영향이 실로 지대하고 놀라운 것임을 암시한다. 그래서 사람들은 대리석이나 청동 조각상의 이상적 미를 뒷받침하고 있는 피타고라스의 수(측량의 힘)에 경탄한다. 그러나 시인은 그것에는 "인격"(character)이 없다고 말한다. 가령 이상은 있으되 현실에서 살아 숨 쉬는 생동감이 없다는 말이다. 그러나 이상적인 이성을 마음에 상상하며 잠을 이루지 못하는 순수한 젊은이들의 열정이야말로 수에는 결여된 인격을 충분히 구현할

수 있다. 그래서 그들은 한밤에 공공장소에 있는 조각상에 그들의 열정을 표현한다. 여기서 예이츠는 이상을 열망하는 개별 인간들의 열정에서 이상과 현실의 바람직한 결합을 찾고 있다.

제2연에서 화자는 수를 발명한 피타고라스보다도 인체에 구현된 수의 원리를 원형으로 삼아 징과 끌로 조각품을 구현해 낸 고대 그리스의 피디아스와 같은 조각가가 더 창조적이고 훌륭하다고 말한다. 이들은 이상적인 미의 원형을 발견하여, 이후 유럽의 성적인 이상과 종교적인 명상이 추구해야 할 정형화된 유형으로 제시하였다. 이렇게 명확한 수의 원리로 이상적인 이미지를 만들고 실현하는 힘이야말로 아시아의 무정형과 모호함이라는 가치를 무찌른 원동력이 되었다. 여기서 예이츠는 아시아의 무정형(formlessness)에 대해 유럽의 정형(form)이 우월하다고 주장한다. 이와 아울러 피디아스가 여성들에게 꿈을 주었고, 여성들은 그 꿈을 자신들이 추구해야 할 거울로 삼게 되었다는 말은 이상을 열망하는 인간들의 열정을 뜻한다. 이렇게 꿈이 이상적인 이미지로 구체화되어, 추구해야 할 대상으로 변화하였고, 그러한 힘으로 유럽은 페르시아를 무찌르게 되었다. 이렇게 하여 그리스의 예술은 이상과 현실 사이의 간극을 좁혀 조화를 이루어 냈으며, 이상적인 미를 향한 열망으로 욕망을 구체화시켰다.

제3연에서는 알렉산더가 유럽을 재패하여 그리스의 조각이 인도로 전파되었고 부처를 형상화하는 데 큰 영향을 끼쳤음을 언급한다. 가령 간다라 미술에서처럼 피디아스의 조각의 원형은 동양의 부처의 이미지에 큰 영향을 미쳤다. 화자는 부처가 자아에 대해 깨달음을 얻고자 보리수 아래에서 부단히 정진하고 명상했지만 현대의 지적이고 사변화된 햄릿과 같은 인물들과는 다르다고 구별 짓는다. 보리수 아래서 오랜 명상과 고행을 하여 깨달음을 얻은 부처를 "열대의 그늘에 앉아고 / 둥글고 느릿느릿해졌다"라고 표현한 것은 명상 후에 부처의 육신이 세속에는 무관심하고 초월한 상태가 되었음을 뜻한다. 인도에서는 여전히 부처를 숭상하고 있지만 사회는 점점 물신화되고 객관성을 지향하여 현대화되어가고 있다. 예이츠의 역사관과 상징에서 객관성을 상징하는 "말킨"(늙은 고양이)이 부처의 상으로 기어오른다는 이미지는 정신세계의 추구와 세속적 물질의 추구라는 두 개의 상태가 공존하는 현대의 인도를 암시한다. "지식은 비현실을 더하고 / 비추어진 거울 위의 거울은 모두 겉모양"이라는 대목은 부처의 깨달음의 내용을 뜻하는 것이면서, 동시에 20세기 현대 예술에 대한 예이츠의 견해를 반영한다. 당시의 사실주의와 자연주의에 대해 예이츠는 작가가 현실을 있는 그대로 그러모아 재현하는 것은 지극히 객관주의적 태도이며 현실의 외양에만 관심을 갖는 태도라고 비판했다. 그리고 자연의 현상을 그대로 모방(mimic)하는 것은 예술에서 큰 의미가 없다고 생각했다.

제4연에서는 1916년 아일랜드의 부활절 항거를 주도했던 패트릭 피어스(Patrick Pearse)를 언급하면서 현대세계에서 상실된 고대 그리스의 이상 추구의 정신이 현대 아일랜드에서 다시 부활했음을 시사한다. 그 대표적인 사례로 예이츠는 부활절 항거에서 피어스가 고대 아일랜드의 영웅인 쿠훌린의 이미지를 다시 불러내어 아일랜드 대중들에게 독립운동의 의의와 정당성을 고취시키려 했다는 점을 든다. "피어스가 쿠훌린을 자기 곁으로 불러냈을 때 / 무엇이 중앙우체국을 통과하여 걸어갔는가? 어떤 지성과 / 어떤 계산, 어떤 수와 어떤 측량이 응답했던가?"에서는 과거 영웅의 이상적 이미지가 항거의 주요 무대가 되었던 더블린 중앙우체국을 활보하여 사람들에게 영웅정신을 고취시켰고, 이는 바로 그리스로부터 내려온 유럽의 이상 추구의 정신과 다르지 않다는 점을 환기시킨다. 아일랜드는 현대의 물질주의와 쾌락 추구, 그리고 민족 분규로 처참하게 일그러져 있지만, 부활절 항거에서 보여준 바를 보면 아일랜드 민족이야말로 그 이상을 추구하는 정신과 열정을 현실에 다시 구현하여 이상과 현실의 화합을 실현할 수 있는 유럽 역사의 주체가 된다고 보고 있다.

News for the Delphic Oracle

I

There all the golden codgers lay,
There the silver dew,
And the great water sighed for love
And the wind sighed too.
Man-picker Niamh leant and sighed
By Oisin on the grass;
There sighed amid his choir of love
Tall Pythagoras.
Plotinus came and looked about,
The salt flakes on his breast,
And having stretched and yawned awhile
Lay sighing like the rest.

II

Straddling each a dolphin's back
And steadied by a fin
Those Innocents re-live their death,
Their wounds open again.
The ecstatic waters laugh because

델피의 신탁을 위한 뉴스

우철환

I

저기 모든 황금족속 괴짜들 드러누워 있고,
저기 은빛 이슬과,
바다가 사랑이 그리워 한숨 쉬고,
바람 역시 한숨 쉬듯 살랑거렸다.
남자 호리는 니아브가 풀밭에 앉아
어쉰 곁에 기대어 한숨짓는 소리를 냈다.
저기 키 큰 피타고라스는
사랑의 합창대 한가운데서 한숨짓는 소리를 냈다.
플로티노스가 와서 주위를 둘러보았다.
가슴에 소금 가루 묻힌 채.
그리고는 잠시 몸을 쭉 펴고 하품하고는
드러누워 다른 사람들처럼 한숨짓는 소리를 냈다.

II

각자 돌고래의 등에 걸터앉아
등지느러미를 잡고 몸을 가누면서,
'순결한 아이들'은 죽음을 다시 겪는다,
상처는 다시금 벌어지고.
그들의 울음소리가 감미롭고 야릇하고

Their cries are sweet and strange,
Through their ancestral patterns dance,
And the brute dolphins plunge
Until in some cliff-sheltered bay
Where wades the choir of love
Proffering its sacred laurel crowns,
They pitch their burdens off.

Ⅲ

Slim adolescence that a nymph has stripped,
Peleus on Thetis stares,
Her limbs are delicate as an eyelid,
Love has blinded him with tears;
But Thetis' belly listens.
Down the mountain walls
From where Pan's cavern is
Intolerable music fall.
Foul goat-head, brutal arm appear,
Belly, shoulder, bum,
Flash fishlike; nymphs and satyrs
Copulate in the foam.

조상 대대로 물려받은 형식으로 춤추기에,
기쁨에 넘친 바다가 소리 내어 웃고,
야성의 돌고래들은 빠르게 돌진하여
사랑의 합창대가 물을 건너
성스러운 월계관을 증정하는
어느 절벽으로 둘린 만에 이르러
등의 짐을 던져 내린다.

III

님프가 옷을 벗긴 날씬한 청춘인
펠레우스가 테티스를 빤히 본다.
그녀의 사지는 눈꺼풀처럼 우아하다.
사랑이 그를 눈물로 눈멀게 했다.
그러나 테티스의 배는 귀를 기울인다.
목양신 판의 동굴이 있는 곳으로부터
절벽 아래로
견딜 수 없는 음악이 내리 쏟아진다.
추한 염소의 대가리, 짐승의 팔이 나타나고,
배, 어깨, 궁둥이가
물고기처럼 번들거리며, 님프들과
사티로스들은 거품 속에서 교미한다.

《해설》

델피의 신탁은 옛 희랍에서는 가장 중요한 신탁으로 아폴로가 관장했고 신탁의 내용은 아폴로의 무녀에 의해 공표되었다. 탄원자들은 종교의식의 문제나 개인적 문제 등에 대해 델피의 신탁에 지도를 구했다. 플로티노스에 대한 신탁은 플로티노스가 죽고 난 뒤 그의 영혼이 어디로 갔는지 찾아주기를 원했던 아멜리우스라는 사람에게 주어졌다. 현세의 삶이 고결했던 그는 모든 것이 우애, 기쁨, 행복이고 신과 사랑의 합체인 천국에 있다는 것이 신탁의 내용이었다. 거기에는 제우스의 아들인 미노스(Minos), 라다만토스(Rhadamanthus), 아이아코스(Aeacus) 등이 영혼의 판관으로 있으며 플라톤, 피타고라스 등 축복받은 영혼들이 살고 있다는 것이다.

간략하지만 이러한 배경 지식은 이 작품을 이해하는데 필수적이라 할 수 있다. 제목에서 엿보이듯이 이 시에서 델피의 신탁의 내용을 기대할 수는 없을 것이다. 그것은 오히려 델피의 신탁은 줄 수 없는 내용이 담겨 있다고 암시하는 것 같다. 즉 델피의 신탁을 대신하여 세상에 제시하는 뉴스이다. 이 작품은 세 개의 연으로 이루어져 있다. 첫 연은 플로티노스가 바다 건너 도달한 축복받은 자들의 섬(Isle of the Blessed)이 그려지고 있다. 그곳은 속세의 걱정이나 아픔이 없는 곳이고 모든 것이 사랑으로 이루어져 있어, 바다도 이슬도 영혼들도 모두 사랑의 속삭임에 열중하고 있다. 플로티노스도 이곳에 오자마자 이곳 분위기를 파악하고 이내 사랑의 속삭임에 동참한다. 사랑의 속삭임에 열중하고 있는 이들은 다름 아닌 사랑의 합창대이다. 여기에 색다른 인물들이 함께하고 있다. 애란의 신화에 나오는 인물인 니아브와 어신이 그들이다.

두 번째 연에서는 죄 없는 아이들(이를테면 헤롯왕에 의해 아무런 죄도 없이 죽음을 당한 아이들)이 돌고래의 등에 걸터앉아 이 섬으로 건너와 사랑의 합창대에 의해 영접 받는 것이 그려진다. 그들은 정화의 바다를 건너면서 죽음을 다시 겪고 죽음의 상처도 다시 터진다. 그들의 울부짖음은 이제는 죽음의 고통에서 비롯된 것이 아니고 정화과정에 지나지 않기에 사랑의 바다는 당연히 기쁨에 넘쳐 환영의 웃음을 웃는다. 그리고 사랑의 합창대가 월계관을 가지고 영접하는 만에 이르면 돌고래들은 그들의 짐인 죄 없는 아이들을 내려놓는다. 그런데 그 아이들이 추는 춤은 조상 대대로 내려온 형식의 춤이다. 즉 이곳이 현세와 전혀 별개의 공간이 아니고 현세와 연결되어 있음을 암시한다.

세 번째 연은 의외의 뉴스를 전한다. 위의 두 연과는 달리 여기서는 육체적 사랑이 다루어진다. 첫 부분은 인간인 펠레우스와 바다의 요정인 테티스의 연정이 그려지는데 테티스가 듣는 음악은 목양신 판의 동굴로부터 절벽 아래로 흘러내리는 견딜 수 없게 성욕을 자극하는 음악이다. 그 음악 소리를 듣고 여러 님프와 사티로스들이 나타나 물거품 속에서 물고기처럼 벌거벗어 번득이는 몸뚱이를 서로 부둥켜안고 흘레한다. 여기서 정화의 바다는 생식의 바다가 된다. 따라서 이 시는 순환적이라 하겠다. 정화의 바다를 건너 축복받은 자들의 영역에 도달했다가 다시 생식의 바다에 돌아오는 과정을 되풀이한다고 볼 수 있기 때문이다. 영원이란 초월적 영역의 전유물이 아니고 현세의 연장일 뿐이라는 예이츠의 생각이 잘 드러난 작품이라고 할 수 있다.

Long-legged Fly

That civilisation may not sink,
Its great battle lost,
Quiet the dog, tether the pony
To a distant post;
Our master Caesar is in the tent
Where the maps are spread,
His eyes fixed upon nothing,
A hand under his head.
Like a long-legged fly upon the stream
His mind moves upon silence.

That the topless towers be burnt
And men recall that face,
Move most gently if move you must
In this lonely place.
She thinks, part woman, three parts a child,
That nobody looks; her feet
Practise a tinker shuffle
Picked up on a street.
Like a long-legged fly upon the stream.
Her mind moves upon silence.

긴 다리 소금쟁이

유석형

큰 전투에 져서 (제국의)
문명이 가라앉지 않도록
개의 입은 재갈 물리고 조랑말은
멀찌감치 떨어진 말뚝에 매어라.
우리의 장군 시저가 막사 안에 있다,
펼쳐진 작전지도 앞에서
두 눈은 허공에 고정하고
한 손은 머리를 고인 채.
냇물 위 떠있는 긴 다리 소금쟁이처럼
그의 마음 침묵 위를 미끄러지네.

끝 모르게 치솟은 탑들이 불타
사람들에게 그 얼굴 기억하도록
이 아무도 없는 곳에서
그래야 되는 거라면 고즈넉이 움직이라.
여자보다는 차라리 어린아이가 되어
그녀는 주위에 아무도 보는 이 없다고 생각한다.
그녀의 두 발은 이내
장터에서 주워 익힌 땜장이 춤을 춘다.
냇물 위 떠있는 긴 다리 소금쟁이처럼
그녀의 마음 침묵 위를 미끄러지네.

That girls at puberty may find
The first Adam in their thought,
Shut the door of the Pope's chapel,
Keep those children out.
There on that scaffolding reclines
Michael Angelo.
With no more sound than the mice make
His hand moves to and fro.
Like a long-legged fly upon the stream
His mind moves upon silence.

《해설》

3연으로 되어 있는 이 시는 짧지만 매우 장중하다. 각 연에서 예이츠는 창조적(創造的) 불꽃, 즉 마음의 천재성(天才性)이라는 보물을 시(詩)라는 천으로 감싸고 있는 모양을 연출하고 있다. 그 창조적 불꽃은 첫째 연에서는 시저(Caesar), 둘째 연에서는 헬렌(Helen), 그리고 셋째 연에서는 미켈란젤로(Michael Angelo)의 천재성으로 대변된다. 여기서 예이츠는 관점을 예술가에게 한정하지 않고(시저나 헬렌은 예술가가 아님) 있다. 어떤 의미에서 예이츠는 천재의 창조성을 예술가의 영역 밖으로 확대하여 찬미한다.

사춘기 소녀들이 마음속에
첫 아담 만날 수 있게
교황 예배당 문은 걸어 잠그고
저 아이들이 들어오지 못하게 하라.
저기 비계(飛階) 위 미켈란젤로가
몸을 기울여 작업 중이다.
생쥐가 내는 소리보다 더 조용히
그의 손이 이리저리 움직인다.
냇물 위 떠있는 긴 다리 소금쟁이처럼
그의 마음 침묵 위를 미끄러지네.

다른 한편으로, 예이츠는 또한 그것이 시저의 영토적 야망(로마제국 건설: 예이츠는 이것을 아마 인간의 위대한 집단적 성취, 즉 "문명"으로 규정하고 있음)이든, 헬렌의 육체적 우아함과 아름다움이든 — 이러한 모든 인간의 노력은 예술적 천재성과 창조력의 표출이라고 넌지시 말한다.

개는 재갈을 물리고 말은 멀리 말뚝에 매어 두었기 때문에 시저는 그들의 소리를 듣지 못한다. 왜냐하면 인간의 창조 작업은 동물의 존재를 참아내지 못하기 때문이다. "끝 모르게 치솟은 탑들이 불타서"

의 시행에서는 헬렌은 그녀의 아름다움과 우아함 때문에 생긴 역사 발전의 인과관계를 대변한다. 그녀가 없었더라면 역사가 트로이 전쟁(헬렌이 이 전쟁의 불씨가 됨)이라는 사건도 연출할 수 없었고, 크리스토퍼 말로(Christopher Marlowe)에게 시적 영감을 불어넣는 일도 일어나지 않았을 것이다.(참조: Doctor Faustus Ⅴ, Ⅰ, 94-95에 "FAUSTUS. Was this the face that launch'd a thousand ships, / And burnt the topless towers of Ilium — / Sweet Helen, make me immortal with a kiss. — ")

예술이 가능할 수 있는 것은 상징적으로 여자의 아름다움 때문이며 크리스토퍼 말로의 시행(詩行)이 가능했던 것은 헬렌이라는 여자의 미모와 아름다움을 통해서라고 아마 예이츠는 암시하고 있는지 모른다. 그러나 시저와는 달리 자기완성, 즉 그녀의 미모 가꾸기라는 그녀의 창조적 행위는 방해받을 수 없으며 그녀의 천재성이 표현되기 위해서는 정적(靜寂)과 침묵(沈默)이 요구된다. 그러나 그녀를 여자보다는 차라리 어린아이로 묘사하면서 아마 예이츠는 그녀의 천진무구함을 나타내려 했을지 모른다. 그녀는 아무도 보지 않는다고 생각한다. 그녀의 춤을 통한 창조적 행위는 어떤 계산도 없이, 그리고 음란한 구경꾼도 의식하지 않는 상태에서 순수하고 명징하다. 냇물 위 떠있는 긴 다리 소금쟁이처럼 그녀의 마음은 침묵 위를 움직인다.

마지막 연에서 예이츠는 미켈란젤로의 다비드(David) 상 창조에 관하여 말한다. 예이츠는 그의 생기발랄한 조각상을 보면 사춘기 소녀들이 마음속에 첫 남자를 그리워하듯 성의식(性意識)을 불러온다고 본 것이다. 그것은 역사의 인과 관계에서 시저나 헬렌의 창조적 행위와 같은 맥락이다. 다시 말하면, 예이츠는 소녀들과 그 애인들의 합작품인 생식(生殖) — 인간이 할 수 있는 유일하고 가장 강력한 창조 행위를 이 연에서 암시한다.

예이츠가 전투를 통한 문명의 창조로부터, 우아하고 아름다운 헬렌의 예술 창조라는 단계를 거쳐, 드디어 우리들 자신의 창조, 즉 인간의 위대한 생식 행위까지 옮겨 가는 것은 대단한 의미구조의 창조이다. 아마 이러한 계획에서 예이츠는 미켈란젤로로 하여금 신의 인간 창조, 나아가 인간 자신의 재창조를 상징하도록 의도하였을지 모른다.

아이들이 들어오지 못하게 하라. 예이츠는 아이들은 미켈란젤로의 창조적 천재성에 방해가 될 것으로 생각한다. 미켈란젤로의 작품은 상상력이 없고 정신적으로 유치한 아이들보다는 그의 작업의 의미를 본능적으로 이해하는 사춘기 소녀들을 겨냥한 성상력의 매개체이다. 최고의 창조 행위인 마음의 천재성은 자신도 의식하지 못한 채 존재와 마음의 원천인 냇물 위를 움직이는 긴 다리 소금쟁이처럼 침묵 위를 미끄러진다. 그 마음 역시 스스로를 의식하지 않도록 제3자가 관찰하여서도 안 된다. 그렇게 한 후에야 마음이 '관조'(觀照)라는 유연한 표면으로부터 미끄러진다. "냇물 위에 떠있는 소금쟁이"라는 아름다운 은유는 진정 예이츠의 천재성(위대한 예술이 태어나는 상태)을 나타내고 있다. 작전 지도 앞에서 시저가 초점을 잃고 멍하니 명상에 잠긴 그런 상태의 은유와 맥을 같이한다. 냇물 위 긴 다리 소금쟁이가 침묵과 정적 위를 미끄러지듯 움직일 때 인간의 창조적 천재성은 빛을 발한다. 그 정적의 순간에 시저는 로마의 문명이 탄생되는 작전을 세웠고 그 침묵의 순간에 헬렌은 그녀의 춤사위 속에 우리들을 가두었으며, 미켈란젤로는 다비드의 조각상 앞에 선 선남선녀(善男善女)의 사춘기 사랑에 불을 지핀다.

A Bronze Head

Here at right of the entrance this bronze head,
Human, superhuman, a bird's round eye,
Everything else withered and mummy-dead.
What great tomb-haunter sweeps the distant sky
(Something may linger there though all else die;)
And finds there nothing to make its terror less
Hysterica passio of its own emptiness?

No dark tomb-haunter once; her form all full
As though with magnanimity of light,
Yet a most gentle woman; who can tell
Which of her forms has shown her substance right?
Or maybe substance can be composite,
profound McTaggart thought so, and in a breath
A mouthful held the extreme of life and death.

But even at the starting-post, all sleek and new,
I saw the wildness in her and I thought
A vision of terror that it must live through
Had shattered her soul. Propinquity had brought
Imagination to that pitch where it casts out
All that is not itself: I had grown wild

청동 조각상

이영석

미술관 입구 오른쪽 이 청동 조각의 얼굴은
인간적이고 초인적이고, 둥근 새의 눈 외,
다른 부분 모두 시들어 미라처럼 말라보여.
무덤을 배회하는 (다른 것들이 모두 죽고 나서
그곳을 배회하는,) 거대한 것이 하늘을 훑고
이곳의 공허가 더 두렵지 않을
그 무엇도 찾지 못하나?

한 번도 컴컴한 무덤을 배회한 적 없는, 그녀의 형상은
귀한 빛에 감싸여 있는 듯,
아직도 퍽 부드러운 여인.
그의 어느 모습이 본질을 드러낸다, 누가 말할 수 있나?
혹 심오한 맥태거트 생각처럼,
본질은 복합적이지,
그리고 단숨의 한마디에 삶과 죽음의 극단이 있지.

또 나는, 처음부터, 늘씬하고 신선한
그녀에게 황야를 보았지.
그녀의 영혼이 겪을 환상 속 공포는
영혼을 산산조각 냈다고 여겨. 가까움으로 인해
상상은 상상 자체가 아닌 모두를 버릴 때까지
상상을 펼치지. 그랬듯, 나도 미친 듯 천지를 돌며,

And wandered murmuring everywhere, 'My child, my child!'

Or else I thought her supernatural;
As though a sterner eye looked through her eye
On this foul world in its decline and fall;
On gangling stocks grown great, great stocks run dry,
Ancestral pearls all pitched into a sty,
Heroic reverie mocked by clown and knave,
And wondered what was left for massacre to save.

《해설》

이 시는 1937과 1938년 사이에 쓰이고, 1939년 3월『런던 머큐리』(*London Mercury*) 잡지에 발표되고, 1939월 22일 다시『뉴 리퍼블릭』(*The New Republic*)에 실린다.

이 시는 예이츠의『최후의 시들』(*Last Poems*)에 들어가는 시로 힘이 넘친다. 이 시에 모드 곤에 대한 예이츠의 밀도 높은 감정이 묻어난다. 그는 이 조각의 여인을 "인간적이고 초인적이고, 둥근 새의 눈 외, / 다른 부분 모두 시들어 미라처럼 말라보여."라 말한다. 그는 이 조각에서 곤의 모든 시간을 관통한다. 인간 곤, 초인 곤, 그리고 새의 눈을 한 곤에 대한 응시는 이 시의 시작이며, 예이츠의 사색의 시작이다.

그 사색의 핵심은 곤의 본질이 무엇인가이다. 무덤 위 하늘을 훑는 중얼거렸지, "나의 분신, 나의 분신!"

혹 나는 그녀를 초자연적이라 여겨,
마치. 엄한 눈이, 그녀의 눈을 통해,
이 더러운 흥망의 세상을 보고,
굵게 자랄 가느다란 줄기며, 말라 죽을 큰 줄기를 보며,
돼지우리에 던져질 모든 조상의 진주를 보며,
광대와 악당이 조롱할 영웅적 사색을
생각하고, 학살당할 것들 중 무엇을 구할지
궁리하는 것처럼.

거대한 존재(새로 상징화된 것, 모든 곤의 현재의 모습이 새의 눈을 하고 있듯이)가 드러내는 내적 공허인지, 아니면 "귀한 빛에 감싸[인]" 현재의 형상인지. 아마도 맥태거트의 인용의 의도는 십중팔구 두 가지 다를 가리키는 것이기도 하다.

그렇지만, 예이츠는 흔히 하듯 이번에도 중요한 최종의 결정을 유보하여, 시의 긴장을 풀지 않는다.

모드 곤의 시선이 "굵게 자랄 가느다란 줄기며, 말라 죽을 큰 줄기"에 닿으면서, 역사의 흐름에서 무엇이 학살을 피할 수 있을지, 회의하며, 이는 예이츠의 회의이기도 하다.

A Stick of Incense

Whence did all that fury come?
From empty tomb or Virgin womb?
Saint Joseph thought the world would melt
But liked the way his finger smelt.

《해설》

이 시는 아마도 1938년에 창작된 것으로 보이는데, 짧은 시이지만 예이츠의 최후의 시편들이 그렇듯이 그의 시적 목표를 함축하고 있어서 그 상징적 의미는 매우 깊다 하겠다. 은유(metaphor)를 주로 사용하는 예이츠의 상징시는 미래의 일을 예지하고 노래하는 예언자적 시편으로서 그는 예언시의 무대를 종종 과거로 이끌어서 다양한 신화적 영웅들을 통해 상징적으로 나타내었다.

이 시의 "분노"는 옛것을 파괴하는 힘의 상징으로 예이츠의 전 시세계의 맥락에서 볼 때, 2천년 주기의 가이어의 이론에 따라 뉴에이지의 새 문명의 도래에 대한 예언적 상징성을 함축한다. 뉴에이지를 고대해 온 예언적 신비주의자였던 예이츠에게서 성 요셉과 성모 마리아는 남성 원리와 여성 원리의 상징으로 그의 남녀 양성구유의 신성론을 상징한다. 즉 새 시대의 구세주의 탄생은 2천년 전의 남성으로서의

향기의 막대기

조미나

이 모든 분노는 어디에서 오는가?
비어 있는 무덤에서인가 아니면 동정녀 마리아의 자궁 속에서인가?
성 요셉은 이 세상은 녹아내린다고 생각했지만
그의 손가락 향기를 맡으며 좋아하였네.

구세주 예수의 탄생과는 다른 여성 원리인 기독교 영지주의의 소피아(Sophia)의 탄생 고지를 암시한다. 그 무대는 2천년 전의 예수 탄생시의 인물들과 사건이 언급되었지만 더는 과거 사랑과 희생의 구세주인 예수 탄생을 보여주는 것이 아니다. 지난 2천년과는 다른 새 시대를 위한 새 구세주의 탄생을 고지하는 예언시로 그것은 세상을 불사르는 "분노"가 수반된다고 한다. 예이츠는 새 시대를 위해 아시아의 중요성을 예지하고 이를 역설한 바 있다.

나는 천리안을 지니고 예견을 하며 천부적 재능을 지닌 그룹이 학자층이 아닌 평범한 촌부들의 것임을 깨달았다. 그들 촌부들 사이에서도 헤겔이 모든 문명이 시작되었다고 한 아시아에서 특히 특출날 것이다. 그러나 우리는 다음 문명은 아마도 성모 마리아의 자궁 속이나 육신이 없는 비어 있는 무덤 속이 아닌 우리의 풍부한 경험 속에서 나오는 실제 안에서 찾아야 할 것이다.

『실험』(*Exploration*, 437)

2천년 전 그 역할이 모호하였고 성인이 된 예수와의 관계에 대한 기록도 성모 마리아와는 달리 찾아볼 수 없는 성 요셉을 등장시키는데, 이는 남성 원리의 상징적 인물이라 할 수 있다. 예이츠는 성 요셉이 구세주의 탄생시 접촉한 손가락의 향기를 맡고 황홀해 한다고 하여 우리의 실제 생활 속에서 새 구세주의 탄생을 경험할 것을 상징적으로 나타내었다. 성모 마리아는 여성 원리의 원형으로서 2천년 전의 남성 원리인 예수가 아닌 새 구세주를 낳는다. 그러나 새 구세주는 더는 평화와 희생을 위한 구세주가 아닌 무서운 불의 심판자로서 "재림"의 스핑크스의 이미지와 그 맥을 같이한다고 볼 수 있다. 따라서 2천년 전의 예수 탄생과 희생의 활동을 상징하는 "비어 있는 무덤"이나 "동정녀의 자궁"이 더 이상은 아닌 향기가 진하면서 동시에 분노가 가득하다고 한다. 이 분노의 화신에 대한 구체적 언급은 없지만 그 진한 향기는 예이츠가 초기시부터 찬미한 불멸의 장미의 상징으로 그 향기는 여성 원리를 상징하는 진한 장미의 향기로 볼 수 있다.

동시에 분노는 "재림"의 새 구세주인 분노하는 대심판주로서 스핑크스의 모습과 그 맥을 잇고 있다고 하겠다. 2천년 전 예수 탄생 당시 남성 원리의 상징인 묵묵히 임무에 충실했던 성 요셉과는 달리 2천년 후의 성 요셉은 장미의 향기 즉 드디어 일어선 불멸의 장미의 향기에 황홀한 기쁨에 젖어 있다. 이 새 구세주의 탄생시에 나타나는 성 요셉의 황홀감은 남녀 양성구유의 우주의 신의 승리 즉 새 시대의 승리를 상징한다.

예이츠는 불멸의 장미의 시편들에서부터 새 구세주는 천상이 아닌 지상에서 고행하는 불멸의 장미로서 숨은 희생의 신이며, 여성 원리였다. 2천년의 남성 중심의 신의 시대의 주기가 끝날 때 새 시대를 위하여 잠자고 있던 여성 원리가 일어나서 남성 원리와 합할 때, 남녀양성구유의 우주의 신의 주도하에 새 시대는 마침내 도래한다는 것이 예이츠의 혜안이 주는 예언적 핵심 사상이었다.

"향기의 막대기"는 성 요셉의 손가락으로 자칫 외설적인 이미지를 떠올릴 우를 범할 수도 있겠지만, 이는 신성의 남성 원리인 성 요셉이 새 구세주의 탄생시 그 아기 구세주를 안아 올리면서 그 손에 묻어나는 향기, 즉 장미의 향기에 취한 모습을 상징하며 따라서 새 시대는 남성 원리와 여성 원리의 긴밀한 유대가 이뤄질 것을 상징한다. 새 구세주의 탄생은 우리의 실제 "경험" 속에 있다는 것을 성 요셉의 향기 나는 손가락은 상징적으로 보여주고 있다.

이처럼 예이츠는 우주의 신이 남성 중심의 신이 아닌 남녀 양성구유의 신임을 상징적 인물들을 통해 시사하고 있는데, 이는 동양의 우주의 법칙인 음양 사상과도 그 맥을 같이한다. 따라서 아시아가 문명의 출발지라는 예이츠의 믿음과도 그 맥이 이어지고 있음을 알 수 있다.

Hound Voice

Because we love bare hills and stunted trees
And were the last to choose the settled ground,
Its boredom of the desk or of the spade, because
So many years companioned by a hound,
Our voices carry; and though slumber-bound,
Some few half wake and half renew their choice,
Give tongue, proclaim their hidden name — 'hound voice.'

The women that I picked spoke sweet and low
And yet gave tongue. 'Hound voices' were they all.
We picked each other from afar and knew
What hour of terror comes to test the soul,
And in that terror's name obeyed the call,
And understood, what none have understood,
Those images that waken in the blood.

Some day we shall get up before the dawn
And find our ancient hounds before the door,
And wide awake know that the hunt is on;
Stumbling upon the blood-dark track once more,
Then stumbling to the kill beside the shore;
Then cleaning out and bandaging of wounds,

사냥개 짖는 소리

조미나

우리는 헐벗은 언덕들과 움츠러든 나무들을 사랑하기 때문에
우리는 정착지를 선택해 거주하지 않고 방랑하며
책상에 앉아 있거나 삽질을 하는 것에도 싫증이 나서
수년 동안 사냥개와 벗하며 지내왔기에
우리의 목소리는 명쾌하게 울려 퍼진다. 그리고 잠에 취해서
어떤 이들은 잠에서 반쯤 깨어나서 반쯤 그들의 선택을 새로이 하여
감추어진 이름을 공표하면서 짐승의 냄새를 맡고 짖어댄다. —
'사냥개 짖는 소리.'

내가 선택한 여자들은 모두 달콤하고 낮은 목소리로 속삭였다.
그러나 사냥개 짖는 소리이다. 그들 모두는 '사냥개 짖는 소리'를 낸다.
무슨 전율의 시간이 영혼을 시험하기 위해 와서
그 공포의 이름 안에서 그 부름에 복종하였다.
아무도 이해하지 못한 것을 이해했고
그들 이미지들은 피 속에서 일어났다.

어느 날 우리가 새벽 전에 일어날 것이고
우리의 고대의 사냥개들이 문 앞에 서 있는 것을 발견하리라.
그러면 화들짝 깨어나서 사냥의 시간이 다가온 것을 깨달으리라.
다시 한 번 검붉은 핏자국을 따라 비틀거리며 나아가서
비틀거리면서 해변가의 그 사냥감에게로 가서
상처를 씻고 붕대로 감싸서

And chants of victory amid the encircling hounds.

《해설》

이 시의 창작 시기는 아마도 1938년으로 예이츠의 상징적 신비시의 세계의 진수를 보여주는 시로서 "사냥"을 주된 시적 상징으로 삼고 있다. 이 사냥의 상징성은 일찍이 예이츠의 다양한 영웅적인 자화상 중에 레드 한라한과 긴밀한 연관성을 지닌다. 한라한은 예이츠가 여러 시적 자화상들 중에 가장 소중히 생각한 자화상적 인물로 그의 시 「탑」에서 한라한의 기억을 오래 간직하고 싶다고 고백한 점에서도 잘 나타난다.

예이츠의 단편 소설인 「레드 한라한의 이야기」에서 한라한은 천상미인 엣지(Echtge)를 찾아 일생을 헤매 도는 비전가로서 예이츠 자신의 불멸의 미에 대한 열망과 방황을 상징한다. 한라한의 이야기의 연장선상에서 한라한 — 예이츠 자신은 남성 원리의 상징으로서 그의 일생은 잊힌 불멸의 장미를 추구하는 신성한 임무로 점철되었다. 한라한은 한 "늙은 마법사"인 남성 원리의 원형인 예수를 상징하는 인물에 의해 마법에 걸려서 여러 사냥꾼들과 사냥개들과 함께 불멸의 미인 소피아(Sophia)의 상징인 한 마리의 산토끼를 좇아 사냥을 나선다고 한다. 이들 사냥꾼들과 사냥개들은 남성중심의 삼위일체 신의 시대에 잃어버린 불멸의 장미를 추구하는 현자들을 상징한다.

그 방랑의 끝에 마침내 오는 최후의 승리는 한라한의 최후가 암시하듯이 예이츠 자신의 세대에는 이뤄지지 못할 일임을 암시하고 있다. 이 시에서 반쯤 잠에 빠져 있거나 헤매는 방랑자들은 매 세대마다 선택받은 비전가들로 아직 잠 깨어나 사냥하는 시간인 새 시대가 오지 않았고 그 시대가 오기까지의 시간의 흐름의 경과를 상징한다. 한편,

사냥개들이 에워싼 한가운데에서 승리의 찬미가를 부르리라.

예이츠는 “내가 선택한 여자들이”, “사냥개의 소리”를 간직하였다고 하여 자신의 사랑한 여인들을 사냥개들로 상징한다. 이는 예이츠가 일생동안 사랑한 여인인 모드 곤(Maud Gonne)과 그녀의 딸인 이졸트 곤(Iseult Gonne)이 그 대표적인 인물로, 예이츠는 자신이 사랑한 여인들을 통해 자신의 시적 목표였던 불멸의 장미를 추구하고자 하였다는 것을 시사한다. 또한 이 사냥개는 여성 원리를 열망하는 예이츠 자신의 남성 원리로서의 강한 욕망의 상징이기도 하다.

예이츠는 실생활의 여성들을 사랑한 낭만적 시인이었으나 그의 일생의 행로의 목표는 오로지 잃어버린 불멸의 장미를 추구하는 신비주의 사제로서의 역할이었다. 마침내 이 최후의 시에 와서 자신이 추구한 인류가 상실한 소피아의 상징인 사냥감인 산토끼를 찾았다고 하여 대승리를 선언한다. 이 사냥이란 행위와 사냥감은 모두 예이츠의 역설적 상징으로서 사냥꾼들과 사냥개들은 잃어버린 신성한 성배를 찾아 나선 순례자들을 상징한다. 또한 그 사냥감은 성배의 상징으로 인류에게서 잊힌 여성 원리인 성 소피아, 즉 불멸의 장미에 대한 역설적인 상징이다. 예이츠는 이 사냥의 때를 2천 년 주기가 끝나고 마침내 새 시대가 도래하는 오랜 2천 년 남성 중심의 시대의 마지막 세대에 일어날 것으로 보는 혜안을 지닌 예지의 시인이었다. 따라서 말년의 예이츠는 자신이 “다이모닉 맨”(Daimonic man)으로서 미래의 새 구세주의 탄생을 예지하고 찬미하며 승리가를 부르는 환희를 노래하였다. 이처럼 역설적 상징인 “사냥”은 예이츠의 시적 목적인 “존재의 합일”을 달성하고 그의 위대한 과업을 달성하는 진수를 보여주는 인류의 대스승의 참된 인생의 승리가라고 할 수 있다.

John Kinsella's Lament For Mrs. Mary Moore

I

A bloody and a sudden end,
    Gunshot or a noose,
For Death who takes what man would keep,
    Leaves what man would lose.
He might have had my sister,
    My cousins by the score,
But nothing satisfied the fool
    But my dear Mary Moore,
None other knows what pleasures man
    At table or in bed.
What shall I do for pretty girls
    Now my old bawd is dead?

II

Though stiff to strike a bargain,
    Like an old Jew man,
Her bargain struck we laughed and talked
    And emptied many a can;
And O! but she had stories,

존 킨셀라의 메리 무어 부인에 대한 탄식

김영민

I

피비린내 나는 갑작스런 종결,
　　총살형이거나 교수형,
왜냐하면 사람이 지키려는 것을 취하는 죽음은
　　인간이 상실하는 것을 남기기 때문이다.
그는 나의 누이를 가졌을 것이고,
　　나의 사촌을 20명이나 많이 가졌을 것이다.
그러나 아무것도 그 어리석은 자를 만족시키지 못했다.
　　그러나 나의 사랑하는 메리 무어 아닌,
다른 어느 누구도 식탁이나 잠자리에서
　　무엇이 남자를 즐겁게 하는지 모른다.
이제 나의 늙은 포주가 죽었으니
　　예쁜 소녀들에게 무엇을 해줄까?

II

나이든 유대인같이
　　흥정하기에는 까다로웠지만,
그녀와의 거래가 성사되자 우리는 웃고 말하며
　　많은 캔을 비웠다.
그리고 오! 그녀는 이야기가 있었다,

Though not for the priest's ear,
To keep the soul of man alive,
    Banish age and care,
And being old she put a skin
    On everything she said.
What shall I do for pretty girls
    Now my old bawd is dead?

III

The priests have got a book that says
    But for Adam's sin
Eden's Garden would be there
    And I there within.
No expectation fails there,
    No pleasing habit ends,
No man grows old, no girls grow cold,
    But friends walk by friends.
Who quarrels over halfpennies
    That plucks the trees for bread?
What shall I do for pretty girls
    Now my old bawd is dead?

비록 신부님께 들려줄 고해성사 같은 이야기는 아니지만,
인간의 영혼을 살아있게 할 수 있는.
나이와 근심을 버리라,
그리고 나이가 들어 그녀는
자기가 말하는 모든 이야기에
잘 다듬어 윤문을 한다.
이제 늙은 포주가 죽었으니
예쁜 소녀들에게 무엇을 할까?

III

아담의 죄가 없다면
에덴동산은 거기 있을 것이라고 말하는
책을 신부님들이 가지고 있다.
그리고 나는 거기 그 안에 있다.
어떤 기대도 에덴동산에서는 무너지지 않으며
어떤 즐거운 습관도 끝나지 않는다.
어떤 남자도 나이가 들지 않고, 어떤 소녀도 냉담하게 되지는 않는다.
하지만 친구들은 친구들과 함께 걷는다.
누가 나무를 뽑아 빵을 사게 되는
반 페니 때문에 싸울까?
이제 늙은 포주가 죽었으니
예쁜 소녀들에게 무엇을 할까?

《해설》

이 시는 1938년 7월 21일이나 29일에 쓰인 발라드이다. 원래 「죽음에 대한 건장한 농부의 불평」("A Strong Farmer's Complaint about Death")이라는 제목이었는데, 출판할 때 변경되었다.

예이츠는 에디스 섀클톤 힐드(Edith Shakleton Heald)에서 편지를 쓰면서 발라드를 위한 코러스(a chorus for a ballad)를 쓰려고 했다고 전하면서 이 시에 대하여 다음과 같이 설명하고 있다. "건장한 농부가 인생의 짧음과 변화하는 시간에 대하여 애도하고 있고, 각 연은 "이제 늙은 포주가 죽었으니 / 예쁜 소녀들에게 무엇을 할까?"의 후렴으로 끝난다." 이 시에서 존 킨셀라는 농부이며 메리 무어 부인은 늙은 포주인 가공인물이다.

말년의 예이츠
(출처: Catherine Fahy. *W. B. Yeats and his Circle*. The National Library of Ireland. 1992. p. 55)

제1연에서 화자는 갑작스럽게 생명을 끝내게 하는 죽음에 대하여 생각하면서, 인간의 상실과 지키려고 하는 것이 무엇인지를 새롭게 조명해 본다. 사랑과 성적인 욕망을 중심으로 인간의 육체적 욕망과 쾌락의 본질이 무엇인지 알고자 하고 있다.

제2연에서는 예쁜 소녀 창부와의 거래의 과정을 이야기하면서, 예쁜 소녀의 이야기를 귀담아들으면서 인간의 영혼을 살게 하는 것이 무엇인지 깨닫는다. 화자의 호기심은 곧 나이와 근심을 버리면 진솔한 영혼의 고백을 향유할 수 있다고 인식을 가져온다.

제3연에서 아담의 죄로 인해 남자는 노동을 여자는 출산의 고통을 겪게 되었다는 성경을 가톨릭 신부들이 이야기해 왔는데, 이제 화자인 건장한 농부 자신도 그 문맥 속에 있음을 고백하고 있다. 그 문맥 속에서 화자는 기대와 습관을 형성해 왔다. 그러나 아담의 죄가 없는 에덴동산은 희망이 있고 행복이 깃들며, 나이 먹지 않고, 냉담한 소녀도 없으며, 친구들과 함께 ·지낼 수 있으며, 먹고살기 위해 싸움을 하는 일이 없는 그런 낙원이다. 이제 농부 존 킨셀라는 늙은 포주인 메리 무어가 죽었으니, "예쁜 소녀들에게 무엇을 할까?"라고 질문을 던지면서 애도와 탄식 가운데서도 상상적 판타지의 세계를 그려보고 있다.

High Talk

Processions that lack high stilts have nothing that catches the eye.
What if my great-granddad had a pair that were twenty foot high,
And mine were but fifteen foot, no modern stalks upon higher,
Some rogue of the world stole them to patch up a fence or a fire.

Because piebald ponies, led bears, caged lions, make but poor shows,
Because children demand Daddy-long-legs upon his timber toes,
Because women in the upper stories demand a face at the pane,
That patching old heels they may shriek, I take to chisel and plane.

Malachi Stilt-Jack am I, whatever I learned has run wild,
From collar to collar, from stilt to stilt, from father to child.

All metaphor, Malachi, stilts and all. A barnacle goose
Far up in the stretches of night; night splits and the dawn breaks loose;

고매한 이야기

안임수

높은 죽마들이 없다면 행렬은 시선을 끌 아무것도 없다네.
내 증조할아버지는 20피트의 죽마 한 쌍을 가지셨고, 내 것은 15피트였지만,
우쭐대는 현대의 어떤 죽마도 이보다 더 높이 올라가지 못한다네,
못된 악당이 그 죽마들을 훔쳐 자기 울타리를 고치고 땔감으로 불태웠다지.

얼룩 망아지, 목줄 맨 곰들, 우리에 갇힌 사자들은, 딱하게도,
재미있는 구경거리를 보여주지 못하고,
아이들은 목재 끝에 선 다리-긴-아저씨를 보고 싶다 하고,
2층 여자들은 창유리에 얼굴을 내밀어주기를 바라고,
누덕누덕 기운 발뒤꿈치를 보면 낄낄대며 좋아할 것이기에,
난 끌과 대패를 잡는구나.

나는 죽마 타는 말라키, 내가 배운 것은 모두,
목걸이로부터 목걸이로, 죽마로부터 죽마로, 아버지로부터 아들에게로 전해 주는 동안
제멋대로가 되었지.

말라키도, 죽마도, 그리고 모두가 다 은유로다.
삿갓 기러기가 밤의 장막 속을 멀리 높이 날면,
밤은 갈라지고 천천히 동이 트는구나.

I, through the terrible novelty of light, stalk on, stalk on;
Those great sea-horses bare their teeth and laugh at the dawn.

《해설》

신비주의 상징시인인 예이츠의 시세계는 비유와 상징으로 가득하다. 이 시는 예이츠가 사망하기 1년 전인 1938년에 쓴 후기시로 다른 시편들과 마찬가지로 예이츠의 시사상이 잘 반영되어 있다. "고매한 이야기"라는 제목에서 알 수 있듯이 예이츠는 자신이 신으로부터 선택받은 사람으로 인류에게 귀한 진리를 전한다는 굳은 신념과 자부심을 가지고 있다. 죽마타기는 그의 주된 은유로서 바로 고귀한 진리를 전하는 지혜로운 사람을 상징한다. 이 지혜는 아버지가 상징하는 옛날부터 아들인 자신에 이르기까지 이어져 온 우주의 진리라는 것을 강조한 것이다.

역설적 상징을 즐겨 사용한 예이츠는 이 시의 죽마타기와 서커스 단원의 모습과 이를 구경하는 평범한 여인들과 아이들 모두에게 상징적인 의미를 부여했으며 신비주의 사상을 부여하기도 했다. 청년시절부터 예이츠는 신비주의 사상에 심취하여 기독교의 신비주의와 동양사상을 탐구한 바 있다.

"죽마를 타는 아버지"는 예이츠가 신비주의로부터 많은 영향을 받았

무섭도록 새로운 빛을 뚫고, 난, 으스대며 나아가고 또 나아가는데,
저 큰 해마들은 이를 드러내고 새벽을 조롱하누나.

음을 보여준다. 예이츠는 죽마의 길이로 선조들의 지혜가 더 높았다는 것을 말하고 있다. 즉 아버지의 20피트 죽마는 아들의 15피트 죽마보다 더 높은 것으로 이는 예이츠가 기독교의 신비주의 선조들의 지혜가 자신보다 높다는 것을 말하려 한 것이다.

"죽마"는 특히 오랜 숨은 지혜를 상징하며 "죽마"를 훔쳐간 "악당"은 기독교 영지주의자들을 핍박한 정통파들의 박해를 상징한다. 따라서 예이츠의 말대로 죽마와 악당과 서커스단은 모두 은유이다. 예이츠는 이 시에서 자신을 구약의 마지막 선지자인 말라키라고 지칭하였다. 이 구약의 마지막 선지자인 말라키는 또한 12세기에 살았던 아일랜드의 성자 말라키 오모겐(1095~1148)과도 연관을 가지는 것으로 보인다.

이처럼 예이츠는 "아버지"의 세대에 이어서 자신 역시 숨은 지혜를 드러내는 선택받은 신비의 예언가임을 굳게 믿고 스스로의 자부심을 피력하고 있다. 또한 "새벽"이나 "해마" 역시 상징으로서 새 시대가 도래한다고 굳게 믿는 예이츠는 자신의 뉴에이지 사상과 그 신비의 예언자적 자세를 이들 상징어들을 통해서 나타내고 있다. 예이츠는 이처럼 그 자신의 예언자로서의 고고한 긍지를 "고매한 이야기"라는 시를 통해 상징적으로 나타내고 있다.

The Apparitions

Because there is safety in derision
I talked about an apparition,
I took no trouble to convince,
Or seem plausible to a man of sense,
Distrustful of that popular eye
Whether it be bold or sly.
Fifteen apparitions have I seen;
The worst a coat upon a coat-hanger.

I have found nothing half so good
As my long-planned half solitude,
Where I can sit up half the night
With some friend that has the wit
Not to allow his looks to tell
When I am unintelligible.
Fifteen apparitions have I seen;
The worst a coat upon a coat-hanger.

When a man grows old his joy
Grows more deep day after day,
His empty heart is full at length,
But he has need of all that strength

유령들

조동열

조롱을 당해도 안전하기에
나는 유령에 관해 이야기했네,
그 눈이 담대하건 아니면 교활하건
대중의 눈을 믿지 못해서
나는 분별 있는 사람을 설득하려거나,
또는 정말같이 보이게 하려고 애쓰지 않았네.
15명의 유령을 나는 보았네,
최악의 것은 코트걸이에 걸린 코트 하나.

나의 오래 마음먹었던 어중간한 고독만큼
좋은 어떤 것을 나는 본 일이 없네,
그 고독 속에서 나는 거의 밤을 새워 앉아 있을 수 있네,
내 말을 알아들을 수 없어도
얼굴 색 하나 변하지 않는
지혜 있는 친구와 함께.
15명의 유령을 나는 보았네,
최악의 것은 코트걸이에 걸린 코트 하나.

사람이 늙을 때 그의 기쁨은
매일매일 더욱 깊어 가고,
마침내 그의 공허한 마음도 채워지네,
그러나 그는 그 모든 힘을 필요로 하네.

Because of the increasing Night
That opens her mystery and fright.
Fifteen apparitions have I seen;
The worst a coat upon a coat-hanger.

《해설》

이 시는 1938년 3월과 4월에 쓰였으며 『런던 머큐리』(*London Mercury*) 1938년 12월호에 처음 발표되었다. 나이가 들어 죽음을 앞 둔 예이츠는 몸이 아픈 뒤 여러 차례 죽음에 대한 꿈을 꾸었는데 그는 이 시에서 이 꿈과 관련하여 죽음에 대한 공포를 드러내고 있다.

첫째 연에서 시인으로 추측되는 일인칭의 화자는 비록 일반 대중이 그의 말을 믿을 것이라 생각지 않지만 그들의 조롱을 겁내지 않고 꿈에서 본 유령에 대한 이야기를 했다고 진술한다. 즉 화자는 열다섯의 유령을 보았다는 것이다. 그러나 화자에게 최악의 유령은 꿈에 본 유령이 아니라 코트걸이에 걸려 있는 자신의 코트이다. 이 코트는 삶이 다 빠져나가 버린 텅 빈 허수아비 이미지로써 죽음을 의미한다. 화자가 두려워하는 것은 꿈에 본 유령이 아니라 바로 자신에게 다가 온 죽음에 대한 공포이다.

밤의 신비와 공포를 열어 주는
점점 짙어 가는 밤 때문에.
15명의 유령을 나는 보았네,
최악의 것은 코트걸이에 걸린 코트 하나.

둘째 연에서 화자는 어려운 일을 극복할 수 있는 고독에 익숙해 있고 또한 이해할 수 없는 그의 말을 들어줄 수 있는 친구가 있어 위안을 얻지만 그러나 후렴이 반복되어 다시 죽음에 대한 공포가 환기된다.

마지막 연에서 나이가 들어 늙은 화자는 비극적 삶의 조건에서 삶의 즐거움을 느낄 수 있는 비극적 즐거움의 경지에 이르고 그래서 그의 가슴은 충만해지지만 그러나 동시에 신비와 공포를 드러내는 짙어 오는 밤 즉 죽음에 대비하여 모든 힘을 필요로 함을 말하고 있다. 그는 지금까지 그의 인생과 예술을 완성시켜 왔던 그 힘으로 점점 다가오는 죽음과 그 공포에 맞서려 하고 있다. 그러나 후렴에서 코트걸이에 걸린 코트의 이미지를 다시 반복함으로써 화자는 자신이 직면할 죽음의 공포에서 벗어나지 못함을 보이고 있다. 이 시에서 시인은 나이가 들어 현실적으로 직면하게 되는 점점 다가오는 죽음에 대한 공포를 다루고 있다.

A Nativity

What woman hugs her infant there?
Another star has shot an ear.

What made the drapery glisten so?
Not a man but Delacroix.

What made the ceiling waterproof?
Landor's tarpaulin on the roof.

What brushes fly and moth aside?
Irving and his plume of pride.

What hurries out the knave and dolt?
Talma and his thunderbolt.

Why is the woman terror-struck?
Can there be mercy in that look?

예수 탄생

윤정묵

저기 어떤 여인이 아기를 안고 있는가?
또 하나의 별이 귀를 관통했다.

무엇이 옷주름을 그렇게 빛나게 했는가?
어느 누구도 아닌 들라크루아.

무엇이 천장에 물이 새지 않게 했는가?
지붕 위에 랜도의 방수 천.

무엇이 파리와 나방을 쫓아내는가?
어빙과 그의 궁지의 깃털.

무엇이 악당과 얼간이를 서둘러 몰아내는가?
탈마와 그의 번개.

왜 여인은 공포에 질려 있는가?
그 표정에 자비가 있을 수 있는가?

《해설》

질문과 대답 형식을 취하고 있는 다섯 개의 2행연구(couplet)와 두 개의 질문만으로 이루어진 마지막 2행연구로 구성되어 있는 짤막한 이 시는 그 제목이 암시하고 있듯이 예수 탄생의 한 장면을 표현하고 있는 작품으로 보인다. 신적 존재가 평범한 인간 여성의 육체를 통해 잉태되어 아기로 태어났다는 기독교의 이야기는 예이츠에게 있어서 신앙의 문제를 떠나 매우 흥미로운 주제 가운데 하나였던 것 같다. 그는 이 작품 외에도 「신의 어머니」("The Mother of God")나 「지혜」("Wisdom") 등의 작품을 통해 비슷한 주제를 다루고 있다. 또한 이러한 주제는 예이츠의 상상력을 통해 그리스의 신화와 연결되어 그의 유명한 시 「레다와 백조」("Leda and the Swan") 안에 표현되어 있기도 하다.

시의 첫 연에서 "Another star has shot an ear."라는 표현은 "The Mother of God"에서 "a fallen flare / Through the hollow of an ear"라는 표현과 아주 비슷하여 두 시의 연관성을 말해 준다. 이 표현들은, 예이츠 자신이 "The Mother of God"에 붙인 주석에서 밝히고 있듯이, 그가 성모 마리아의 수태고지(Annunciation)에 대한 비잔틴 모자이크 그림들 안에 하나의 별로부터 성모 마리아의 귀까지 선이 그어져 있는 것을 보고 생각해 낸 것이다. 그의 지적대로, 성모 마리아가 하느님의 '말씀'을 잉태한 것이라고 한다면 하늘의 별이 그녀의 귀를 관통한 것으로 표현한 것은 적절하다고 여겨진다.

다음 제 2연에서 5연에 걸쳐 등장하는 화가 들라크루아(Ferdinand Victor Eugene Delacroix, 1798~1863), 시인 란도(Walter Savage Landor, 1775~1864), 그리고 배우 어빙(Sir Henry Irving, 1838~1905)과 탈마(Francois Joseph Talma, 1763~1826)는 모두 예술가들이라는 공통점을 갖고 있는 인물들이다. 시인은 그가 이상적으로 상상하는 예수 탄생의 장면을 구성하기 위해서 이러한 예술가들의 도움이 필요했을 것이지만, 이는 곧 마리아를 통한 예수의 탄생과 일상적인 삶 속에서의 예술의 창조행위의 관련성에 대한 암시로 볼 수도 있을 것이다. 어떤 평자는 예이츠가 그의 친구 찰스 리킷츠(Charles Ricketts, 1866~1931)의 그림을 근거로 해서 이 작품을 쓴 것으로 추측하기도 한다.

단테 가브리엘 로제티의 <수태고지>
(출처: http://www.bbc.co.uk/bbcfour/paintingflowers/full_res/annunciation_rossetti.shtml)

이어 마지막 연에서 시는 다시 첫 연에서 묘사한 수태고지의 장면으로 되돌아간다. 여기에서 특히 주목되는 것은 그녀(성모 마리아)가 느끼는 공포이다. 그녀는 왜 "자비"가 아닌 "공포"를 느끼는 것일까? 결국 우리는 이 종교적 사건을 바라보는 시인의 시각이 매우 인간적인 것임을 알게 된다. 전통적으로 기독교 교회가 이 사건을 초월적이고 신비적인 것으로 변형시켜 왔다면 그는 다시 실제적이고 일상적인 삶의 관점에서 그것을 이해하고자 한 것이다. 그렇게 보면, 다른 젊은 여성들과 다를 바 없는 평범한 한 여성이었던 마리아에게 그 사건은 분명 엄청난 공포와 고통의 순간이었으리라 생각된다.

The Man and the Echo

Man

In a cleft that's christened Alt
Under broken stone I halt
At the bottom of a pit
That broad noon has never lit,
And shout a secret to the stone.
All that I have said and done,
Now that I am old and ill,
Turns into a question till
I lie awake night after night
And never get the answers right.
Did that play of mine send out
Certain men the English shot?
Did the words of mine put too great strain
On that woman's reeling brain?
Could my spoken words have checked
That whereby a house lay wrecked?
And all seems evil until I
Sleepless would lie down and die.

사람과 메아리

김재봉

사람

‘앨트’라고 명명된 바위 균열에 있는
부서진 암석 아래의
한낮의 햇살도 결코 들지 않는
구덩이 밑바닥에 나는 멈춘다
그리고 그 암석에 비밀을 외친다.
내가 말하고 행해 온 모든 것이
내 늙고 병들게 되니
하나의 의문으로 변하여 드디어
밤마다 누워서 깨어 있어도
결코 바른 답을 얻지 못한다.
나의 그 연극이 내보냈을까
영국군이 사살한 몇몇 사람들을?
나의 말들이 너무 많은 긴장감을 주었을까
저 여인의 어지러운 머리에?
내가 뱉은 말들이 저 집이
몰락하도록 만든 일을 막을 수 있었을까?
마침내 잠 못 들어 누워 죽어가는 내게
모든 것이 악으로 보인다.

Echo

Lie down and die.

Man

That were to shirk
The spiritual intellect's great work,
And shirk it in vain. There is no release
In a bodkin or disease,
Nor can there be work so great
As that which cleans man's dirty slate.
While man can still his body keep
Wind or love drug him to sleep,
Waking he thanks the Lord that he
Had body and its stupidity,
But body gone he sleeps no more,
And till his intellect grows sure
That all's arranged in one clear view,
Pursue the thoughts that I pursue,
Then stands in judgment on his soul,
And, all work done, dismisses all
Out of intellect and sight
And sinks at last into the night.

메아리

누워 죽어라.

사람

죽는다는 것은
영적 지성의 위대한 작품을 회피하는 것,
헛되이 회피하는 것이다. 단검이나
질병에서 풀려나는 것은 없다.
사람의 더러운 석판(石板)을 깨끗하게 해줄 만큼
그렇게 위대한 일은 있을 수 없다.
사람이 자신의 육신을 유지하는 동안
바람이나 사랑이 그를 취해 잠들게 하겠지만
깨어나면 그는 주에게 감사를 드린다.
육신과 육신의 어리석음을 지녔다고
그러나 육신을 잃으면 그는 더 이상 잠들지 않는다.
자신의 지성이 확신할 때까지
모든 것이 한 관점으로 정리됨을
내가 쫓는 그 생각들을 쫓는다.
그 다음 그의 영혼에 관한 판단을 하며 멈춘다.
그리고 모든 작업이 완료되면 모든 것을 물리치고
지성과 시야로부터
마침내 밤 속으로 가라앉는다.

Echo

Into the night.

Man

O Rocky Voice,
Shall we in that great night rejoice?
What do we know but that we face
One another in this place?
But hush, for I have lost the theme,
Its joy or night seem but a dream;
Up there some hawk or owl has struck,
Dropping out of sky or rock,
A stricken rabbit is crying out,
And its cry distracts my thought.

《해설》

시인의 한 생애를 바친 창작 활동이 예상치 못한 파괴적 결과를 낳았음을 후회하는 대화 형식의 시이다. 암울한 민족의 역사적 소용돌이 속에서 자책하고 고뇌하는 시인의 모습을 엿볼 수 있는 이 시는

메아리

밤 속으로

사람

오 바위의 목소리여
저 위대한 밤에 우리가 기뻐할 수 있을까?
이 자리에서 우리가 서로 대면하고 있다는 것 외에
우리가 아는 것은 무엇인가?
그러나 쉿, 나는 주제를 잃어버렸으므로
그 기쁨이나 밤은 단지 꿈으로 보인다.
저 높은 곳에서 어떤 매나 올빼미가 내리쳤다.
하늘이나 바위에서 강하해서
습격당한 토끼가 비명을 지른다.
그리고 이 외침은 내 생각을 흐트러뜨린다.

예이츠가 죽음에 대한 명상에 본격적으로 몰입하기 전의 전주에 해당하는 작품이다. 주제상 「곡마단 동물들의 탈주」("Circus Aninmals' Desertion")와 연관된다.

첫 행의 「앨트」는 슬라이고의 녹나리 산의 협곡이다. 암석으로 이뤄진 특성 때문에 아일랜드의 델피로 간주되는 곳이다.

제11행의 연극은 모드 곤(Maud Gonne)이 주연을 맡아 1902년 4월 더블린에서 공연된 『캐서린 니 훌리한』(*Cathleen ni Houlihan*)이다. 예이츠만의 책임이 아니라 그레고리 부인도 극에 기여했고, 특히 곤의 연기가 청중을 분기시켰다고 역사가 스티븐 그윈(Stephen Gwynn)이 밝힌 바 있다.

그다음 행에서 영국에 사살된 이들은 1916년 부활절 봉기의 지도자들이며 이 행은 봉기의 전반적 영향을 함축하고 있다.

제14행에 등장하는 여인은 자신이 쓴 시가 예이츠에게 좋은 평을 받지 못하자 바르셀로나에서 실성해 버린 마곳 러닥(Margot Ruddock)으로 시인의 시 「아름다운 무용수」(“Sweet Dancer”)와 「실성한 여인」(“A Crazed Girl”)에서도 다뤄진 바 있다.

제16행의 몰락한 집은 쿨 장원이고 이 구절은 아일랜드에서 대저택의 종말을 부른 정치적 운동을 반영하고 있다. 마지막 연에 나오는 ‘바위의 목소리’는 동굴 속의 연로한 수행자로 현자를 비유한 것으로 판단된다.

시인은 마법의 바위 균열로 올라가 어두운 암석 동굴에서 메아리로 들려오는 예언적 ‘바위의 목소리’에게 질문을 던진다. 자신이 지금까지 행하고 말한 모든 것이 의문이 되지만 인간이므로 올바른 답을 얻지 못한다고 고백한다. 여기서 ‘사람’은 시인 자신임을 쉽게 짐작할 수 있다. 『캐서린 니 훌리한』이 민족주의자들을 봉기에 가담하게 만들고 결국 죽음으로 몰아넣었는지? 마곳 러닥의 시에 관한 자신의 비평이 그녀를 실성하게 만들었는지? 자신이 쿨 장원의 몰락을 예방할 수 있었는지? 죄책감에 빠져 성급하게 결론지은 말은 메아리로 되돌아온다. “누워 죽어라.” 그러나 단검으로 스스로 목숨을 끊거나 질병으로도 세상을 떠날 수는 없다. 오히려 철학적 명상이 명확한 시각을 가지게 해서 자신의 죽음을 암시하는 '더러운 석판'에 관한 의미 있는 절차를 생각할 수 있게 해준다. 또 자신의 영혼을 심판할 수 있게 해주고 모든 일을 마쳤을 때 다른 모든 것을 물리치고 밤 속으로 가라앉을 수 있다고 외친다.

마지막 연에서 죽음은 동물세계의 약육강식에 비유되고 죽음에 이르는 토끼의 비명이 생각을 방해한다. 비명은 죽음에 항거하는 고통의 외침이다. 두 번이나 죽음을 암시하는 '사람'의 말을 되풀이했던 '메아리'는 침묵한다. 오히려 시인이 '사람'을 통해 마지막 연에서 던진 질문('Shall we in that great night rejoice?')의 해답은 『최후의 시들』(*Last Poems*)의 모두(冒頭) 시 「가이어들」("The Gyres")에 담겨 있다고 생각된다.

> 동굴로부터 한 목소리가 나온다
> 알고 있는 것은 오직 저 한 마디 말 '기뻐하라!'
> Out of Cavern comes a voice,
> And all it knows is that one word 'Rejoice!'

즉, 시인이 구상하는 죽음을 맞는 자세가 이 한 마디 말에 압축되어 있는 것이다.

The Circus Animals' Desertion

I

I sought a theme and sought for it in vain,
I sought it daily for six weeks or so.
Maybe at last, being but a broken man,
I must be satisfied with my heart, although
Winter and summer till old age began
My circus animals were all on show,
Those stilted boys, that burnished chariot,
Lion and woman and the Lord knows what.

II

What can I but enumerate old themes?
First that sea-rider Oisin led by the nose
Through three enchanted islands, allegorical dreams,
Vain gaiety, vain battle, vain repose,
Themes of the embittered heart, or so it seems,
That might adorn old songs or courtly shows;
But what cared I that set him on to ride,
I, starved for the bosom of his faery bride?

서커스 동물들의 탈주

허현숙

I

나는 주제를 찾았으나 헛된 일이었다.
여섯 주 이상 매일 찾았는데.
아마도 나는 결국 쇠약한 몸으로
만족해야만 할 것이다.
겨울 여름 늙기 시작할 때까지
내 서커스의 동물들, 저 막대기를 끼고 가는 소년들,
금색 칠한 마차, 사자와 여자들,
그리고 이런저런 모든 것들이
모두 쇼를 시작했을지라도.

II

낡은 주제들을 열거하는 것밖에 내가 무엇을 할 수 있겠는가
우선 세 개의 마법의 섬들 은유의 꿈속을
코 꿰어 이끌려 다닌 바다의 방랑객 어쉰
헛된 즐거움 헛된 싸움 헛된 휴식
쓰라린 마음의 주제들 아니면 옛 노래나
궁정의 놀이판을 장식했을 법한 것으로 보이는 주제들
그러나 그를 떠돌아다니게 한 나는 무엇을 바랐던가
그의 요정 신부의 가슴을 미칠 듯 그리워한 나는.

And then a counter-truth filled out its play,
The Countess Cathleen was the name I gave it;
She, pity-crazed, had given her soul away,
But masterful Heaven had intervened to save it.
I thought my dear must her won soul destroy,
So did fanaticism and hate enslave it,
And this brought forth a dream and soon enough
This dream itself had all my thought and love.

And when the Fool and Blind Man stole the bread
Cuchulain fought the ungovernable sea;
Heart-mysteries there, and yet when all is said
It was the dream itself enchanted me:
Character isolated by a deed
To engross the present and dominate memory.
Players and painted stage took all my love,
And not those things that they were emblems of.

III

Those masterful images because complete
Grew in pure mind, but out of what began?
A mound of refuse or the sweepings of a street,
Old kettles, old bottles, and a broken can,
Old iron, old bones, old rags, that ravings slut

그리고 그 연극을 채운 반대의 진실,
「캐슬린 백작 부인」이 내가 그것에 붙인 이름이었다.
그녀는 연민에 사로잡혀 자신의 영혼을 팔았으나,
노련한 하느님이 끼어들어 그녀 자신의 영혼을 구하도록 했고,
나는 내 님이 자신의 영혼을 분명히 파괴할 것이라고 생각했다.
그만큼 열광과 증오가 그녀를 노예로 삼아,
그게 꿈을 가져왔고, 곧 이 꿈 자체가
내 모든 생각과 사랑을 사로잡았다.

그리고 바보와 눈 먼 사람이 빵을 훔쳤을 때
쿠훌린은 정복할 수 없는 바다와 싸웠다.
그 점에 마음의 신비가 있다. 그러나 모든 것이 말해질 때
나를 사로잡은 것은 바로 꿈이었다.
어떤 행동으로 고립되어
현재를 독점하고 기억을 점령하는 인물.
연기자들과 채색된 무대가 내 모든 사랑을 받았다.
그들이 상징하는 저것들이 아니라.

III

저 완전하기 때문에 뽐내는 이미지들은
순수한 정신에서 자랐지만, 무엇으로부터 시작했을까?
쓰레기 한 무더기나 길거리 청소한 것들.
낡은 주전자, 오래된 병, 찌그러진 통,
고철, 늙은 뼈다귀, 누더기들, 그리고 금고를 지키며

Who keeps the till. Now that my ladder's gone,
I must lie down where all the ladders start,
In the foul rag-and-bone shop of the heart.

《해설》

이 시에서 예이츠는 시인으로서 다루었던 여러 주제들을 회상하면서 노년에 이른 현재 자신의 처지는 마치 서커스단의 동물들이 모두 달아나버린 것과 같다고 비유한다. 이는 관객들을 즐겁게 하고 그들의 관심을 끌려고 여러 동물들의 재주를 보여주는 곡마단처럼 시인으로서 자신은 독자의 관심을 끌기 위해 노력해 왔다는 것을 암시한다.

이러한 인식에서 돌아보건대 예이츠 자신의 시적 탐구는 이제 마음으로나 만족해야 하는 그런 것이다. 왜냐하면 그 주제들은 모두 시인 자신의 꿈과 이상을 그린 것들이어서 현실은 아니었기 때문이다. 그리고 시인은 꿈 자체에, 그리고 현실을 뛰어넘어 기억을 점령하면서

고함지르는 창녀. 자, 이제 내 사다리는 모두 사라졌으니
나는 모든 사다리들이 시작하는 곳에 누워야만 하겠다,
더러운 누더기와 뼈다귀들의 마음 가게 안에서.

행동으로 고립된 인물에 매혹되었고 그들이 상징하는 바에는 그리 관심이 없었기 때문이다. 이러한 한탄의 기저에는 예이츠가 노년에 이르러 깨닫는 현실 인식이 자리 잡고 있다. 이 작품의 마지막 연에서 토로하고 있듯이 그가 추구했던 '강력한 이미지들'은 '쓰레기 더미'나 '헌 주전자' 등의 고물들로부터 나온 것들이었음을 노년에 이르러 깨닫게 된 것이다.

그러므로 이제까지 의존했던 사다리들은 사라졌다 해도 사다리들이 시작하는 곳에 누워 '누더기와 뼈다귀들의 마음 가게'에서 새로운 시적 주제들을 찾을 수 있을 것임을 시인은 희망한다. 그것은 노년의 시인이 현실의 더러움과 비극을 껴안게 되는 지점이기도 하다.

Politics

'In our time the destiny of men presents its meaning in political terms.'

-Thomas Mann

How can I, that girl standing there,
My attention fix
On Roman or on Russian
Or on Spanish politics?
Yet here's a travelled man that knows
What he talks about,
And there's a politician
That has read and thought,
And maybe what they say is true
Of war and war's alarms,
But O that I were young again
And held her in my arms!

정치

허현숙

'우리 시대 인간의 운명은 정치적 견지에서 그 의미를 표현한다.'
-토마스 만

나 어찌, 저 소녀가 저기 서 있는데,
로마, 러시아,
또는 스페인의 정치에
내 관심을 집중할 수 있겠나?
그렇지만 자신이 말하는 바를 잘 아는
어떤 여행객이 있네,
그리고 읽고 사색하는
어떤 정치가가 있고,
아마 사람들이 전쟁과 전쟁의 경고에 대해
말하는 바가 진실일 수도 있을 터.
그러나 아, 나 다시 젊어서
그녀를 내 품속에 안을 수 있다면!

《해설》

예이츠의 시 작품에서 정치는 매우 중요한 주제였다. 특히 20세기 초반의 아일랜드의 정치 상황이나 제2차 세계대전 직전의 유럽 대륙에서 벌어졌던 정치적 논쟁들과 그 와중에서 감지되던 전쟁의 위협 등에 대해 예이츠는 늘 관심을 보였고, 시적 소재들로서 그의 작품들에서 다양하게 형상화되었다. 그런데 이 작품에서 시인은 그런 거대 담론의 정치적 주제보다는 아름다운 소녀가 더 자신의 관심의 대상임을 고백한다. 그리고 이러한 고백에는 자신이 이제 더 이상 젊지 않아 저렇게 서 있는 소녀를 안을 수 없다는 안타까움이 숨겨져 있기도 하다.

그런데 이런 안타까움조차도 실은 이 작품의 제사로 인용하고 있는 토마스 만의 글이 암시하듯이 정치적 견지로 표현되는 인간사의 단면을 암시한다. 모든 개인은 주변을 둘러싼 세계 정치 상황에 관심을 갖고 그것으로 자신의 정치적 견해를 표현하듯이 다시 젊은 날로 돌아가 한 소녀를 품을 수 있기를 소망하는 마음을 표현하는 행위 역시 정치인 것이다. 왜냐하면 정치는 지금 이 순간의 현실 구조 속에서 이뤄지는 것이고, 마찬가지로 소녀에 대한 마음을 드러내는 것 역시 바로 지금 이 순간 이뤄야 하는 일이기 때문이다. 둘 다 늦으면 '진실'에서 멀어지는 것이기 때문이다. 그러므로 소녀에 대한 시인의 안타까운 마음은 정치적 견지에서 그 의미를 드러내는 일이 이제 늦었음에 대한 표현이기도 하다.